A+K Weltenbummler - Kenia

Wir, A+K Weltenbummler, mit Namen Angela und Klaus, verreisen für unser Leben gern und haben in den letzten 30 Jahren viel gesehen und erlebt, haben Länder und Menschen kennengelernt. Dabei bereisten wir von der Karibik bis zu den Philippinen und vom Nordkap bis nach Kenia unsere schöne Erde. Je nach Erreichbarkeit erlebten wir die besuchten Länder im Rahmen einer Pauschalreise, per Wohnmobil oder individuell organisiert. In unseren Reiseberichten sind unsere Erlebnisse, Abenteuer und Entdeckungen mit vielen Bildern und in kurzweiliger Form niedergeschrieben. Sie können für die eigene Reiseplanung herangezogen werden oder einfach nur in fremde Länder entführen.

Kenia

Jambo Kenya
Küste um Kilifi, Kimana-Safaritour

von
A+K Weltenbummler

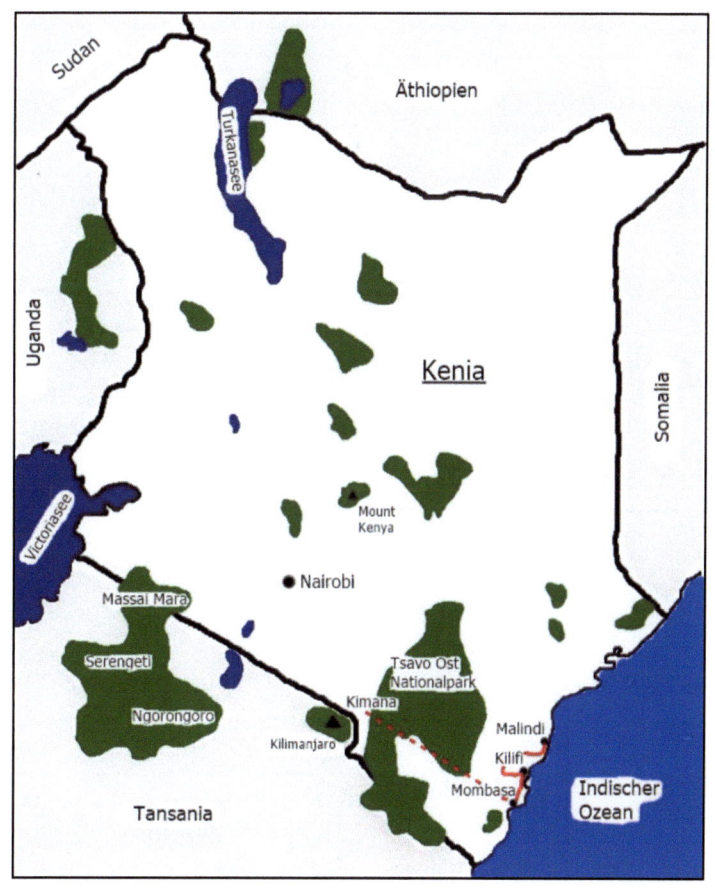

Bibliografische Information der Deutschen Nationalbibliothek:
Die Deutsche Nationalbibliothek verzeichnet diese Publikation
in der Deutschen Nationalbibliografie; detaillierte bibliografische
Daten sind im Internet über http://dnb.dnb.de abrufbar.

© 2015 A+K Weltenbummler

Herstellung und Verlag:
BoD – Books on Demand, Norderstedt

ISBN: 978-3-7386-3607-9

Heh, wir hatten keine Ahnung, wo es in diesem Jahr im Urlaub hingehen sollte. So stöberten wir in Katalogen, sahen uns den Reisesender sonnenklar.tv an und befragten das Internet. Dabei stolperten wir bei sonnenklar.tv über ein Sonderangebot, das die Urlauber nach Kenia führt. Kenia - das ist ja eine tolle Idee, wieder einmal etwas ganz anderes. Wir waren gleich Feuer und Flamme. Allerdings blieb uns nicht viel Zeit, eine Wahl zwischen den zur Verfügung stehenden Hotels zu treffen, denn das Angebot galt nur noch eine Woche. Wir wussten nur, dass das Hotel eine angeschlossene Tauchbasis haben sollte und es nicht direkt in oder bei Mombasa liegen sollte. Letztendlich entschieden wir uns für das Sea-Horse in Kilifi, sechzig Kilometer nördlich von Mombasa, an einem Küstenabschnitt gelegen, der nicht so überlaufen sein soll. Die meisten Hotels und Leute findet man südlich von Mombasa, soviel wussten wir inzwischen.

Bevor wir jedoch fahren konnten, waren einige Formalitäten zu erledigen, wie Visa in Berlin beantragen, die Gelbfieberimpfung, die Vorstellung beim Hausarzt und die Malariaprophylaxe. Das alles kostete zusätzlich kräftig Geld.

Doch dann war es endlich soweit, wir konnten es kaum noch erwarten. Wird es ein neuer Traumurlaub? In Sachen Gepäck hatten wir nicht viel Spielraum. Innerhalb des zulässigen Gepäckgewichts mussten wir auch unsere Tauchausrüstung unterbringen. Also zuerst Tauchausrüstung einpacken und dann sehen, was wir noch mitnehmen können. Viele Klamotten werden wohl kaum von Nöten sein.

Pünktlich am Flughafen in Frankfurt hofften wir, noch einen guten Platz in der Maschine zu bekommen. Leider sagte man uns, dass alle Plätze ausgebucht sind. Wir müssten uns mit getrennten Plätzen am Gang begnügen. Na, das fing ja gut an. Nach dem Check-in warteten wir im Transitraum bis zum Aufruf. Es waren eine Menge Leute für diesen Flug da. Um 18.30 Uhr bestiegen wir das Flugzeug, ein Airbus 320 der African Safari Airways. Nach fünfunddreißig Minuten Flugzeit landeten wir zuerst in München, wo es schon dunkel draußen war. Wir stiegen aus der Maschine und warteten erneut im Transitraum. Eine dreiviertel Stunde war für den Zwischenstopp anberaumt, aber erst nach eineinhalb Stunden ging es weiter. Gut acht Stunden sollte der Flug nach Kenia noch einmal dauern. Der Service an Bord war recht gut.

Am nächsten Morgen, genau um 4.28 Uhr, überquerten wir westlich des Mount Kenya den Äquator. Hurra, wir waren das erste Mal auf der südlichen Erdhalbkugel, wenn auch nur ein kleines Stück.

Eineinhalb Stunden vor der Landung gab es noch ein Frühstück und Kaffee, dann setzte das Flugzeug kurz nach 6 Uhr in Mombasa auf. Trotz der Verspätung beim Abflug erfolgte die Landung zwanzig Minuten vor der geplanten Ankunft.

Zu Hause hatten uns jetzt im Oktober 8 Grad vergrault, in Mombasa erwarteten uns 23 Grad, morgens um halb sieben. Als wir das Flugzeug verließen, schlug uns eine große Schwüle entgegen, wie aus einem Badezimmer, feuchtwarm.

Es dauerte nicht lange und die langen Pullover und Hosen, die wir trugen, waren vom Schweiß durchnässt. Es blieb jedoch keine Zeit, etwas Leichteres anzuziehen. Die Koffer ließen nicht lange auf sich warten, dann ging es zur Pass- und Visakontrolle und schon verließen wir das Flughafengebäude. Dort wartete eine Vertretung des African Safari Club, die die Hotelgäste auf verschiedene Busse verteilte. Kofferträger waren gleich zur Stelle, die das Gepäck zum Bus brachten. Auf dem Parkplatz stand ein singendes Begrüßungskommando, das die Gäste in Kenia willkommen hieß.

Unsere Koffer wurden auf das Dach des Busses verladen. Klaus übernahm die Übergabe und musste trotzdem gleich Tribut zahlen. Die guten Leute wollten pro verladenen Koffer einen Euro haben. Klaus meinte, dass sie doch einen sehr guten Stundenlohn hätten. Das verdienen wir nicht einmal annähernd zu Hause. Die Kofferverlader müssten sich schon mit der Hälfte begnügen.

Jetzt hieß es erst einmal warten, bis alle Gäste für das Sea Horse in Kilifi den Bus erreicht hatten. Die meisten schlugen sich noch mit den Visaformalitäten herum. Derweil kam jemand und wollte von mir Geld getauscht haben. Er hatte zu viel Kleingeld eingenommen und wollte gern Scheine dafür. Zwanzig Euro sollte ich ihm wechseln. Er zählte mir seine Geldstücke vor, aber irgendwie kam mir die Sache nicht geheuer vor. Ich wollte in dem neuen Land nicht gleich misstrauisch sein, doch irgendetwas sagte mir, dass ich doch mal nachzählen sollte – und siehe da, es fehlten ganze drei Euro.

Kurz darauf machte es ein anderer mit einer anderen Frau mit nur fünf Euro und auch hier fehlten etliche Cent. Man ist doch in einer so fremden Welt immer ziemlich hilflos und muss daher doppelt aufpassen.

Zwei Stunden nach der Landung fuhr der Bus ab, der nicht gerade unser Vertrauen erweckte. Es klapperte und schepperte an allen Enden.

Zuerst fuhren wir durch Mombasa Richtung Meer, auf die Straße nach Norden. Oh je, wir hatten inzwischen schon viel gesehen und dachten, dass es nicht mehr schlimmer kommen konnte. Aber es kam schlimmer. In Mombasa herrscht das blanke Chaos. Menschen, Autos, Hütten, Verkaufsstände und – vor allem Müll. Man kann sich diese Bilder nicht vorstellen, man muss sie gesehen haben.

Als wir dann die Stadt verlassen hatten, wurde es etwas besser, bis die nächste Siedlung kam. Sechzig Kilometer Strecke hatten wir bis nach Kilifi zu fahren, mit einem Bus, der den Namen nicht mehr verdient, und auf einer Straße, die nicht wirklich eine ist.

Wir fuhren an riesigen Sisalfeldern vorbei und konnten die berühmten Affenbrotbäume, Baobabs, bewundern. Dichter Busch wechselt sich mit kleinen Siedlungen und trockener Savanne ab.

Nach einer Stunde hatten wir Kilifi erreicht. Nur noch den Kilifi-Creek über eine lange Brücke queren, dann bog der Bus von der Straße ab. Jetzt wurden wir über eine Sandpiste geschaukelt, vorbei an ärmlichen Hütten und modernen Häusern aus Stein. Die Einheimischen musterten uns oder winkten uns freundlich zu. Zum zweiten Mal stellten wir uns die Frage: Wo sind wir hier nur gelandet? Einen Vorteil hatte diese lange Fahrt aber doch: unser eingeschlafener Blutkreislauf war wieder in Schwung gekommen.

Endlich fuhren wir auf das Hotelgelände und die Welt veränderte sich völlig. Alles ist herrlich grün und es blüht prächtig, es sieht aufgeräumt und sauber aus. Vorbei an kleinen Bungalows fuhren wir zum Wasser, wo der Bus auf einer Art Parkplatz hielt. Verschwitzt, durchgeschüttelt und fertig von der Reise entstiegen wir dem Bus. Wir waren endlich da, in Kenia. Jambo.

im Sea Horse in Kilifi angekommen

Die Gepäckträger und der Manager standen schon zum Empfang bereit. Sie begrüßten uns mit dem allgegenwärtigen „Jambo" und luden uns für den Vormittag zu einer offiziellen Begrüßung ein, bei der sich die Gastgeber bekannt machen wollten. Erst einmal waren wir jedoch zum Frühstück eingeladen.

Jetzt half aber alles nichts mehr, wir mussten zuerst unseren Bungalow beziehen, uns frisch machen und vor allem aus den dicken Sachen raus. Das war okay, wir sollten einfach danach zum Frühstück kommen.

Wir holten unsere Bungalowschlüssel aus der Rezeption und bezogen den allerletzten Bungalow in der Reihe, am weitesten weg von allem. Das Gepäck trug man uns hinterher. Die Anlage und die Bungalows sind vom Feinsten, nur innen drin waren die Unterkünfte ganz leicht schmuddelig.

Zum Frühstück konnte ich nicht mehr viel essen, denn die Verpflegung im Flugzeug war sehr reichhaltig. Die Auswahl am Büffet ist groß, dazu stehen Kaffee oder Tee auf Bestellung zur Auswahl. Wir bestellten Kaffee, wie es sich für ein richtiges Frühstück gehört, aber der schmeckte, als wäre er mit Meerwasser gekocht und war nicht zu trinken.

Um 11 Uhr fand die Begrüßung statt. Während wir unsere Begrüßungsgetränke schlürften, stellten sich unsere Gastgeber vor und erklärten den Ablauf hier in der Anlage. Die Gastgeber erzählten, wann es die Mahlzeiten gibt, wer für was zuständig ist, wo man Ausflüge buchen kann und wir möchten uns bitte immer melden, wenn uns etwas nicht zusagt. Wir sollten uns wie zu Hause fühlen, Gäste und Gastgeber sind eine große Familie. Bei kaum siebzig Gästen in der Anlage ist das kein Problem.

Das kam mir doch gerade recht, denn ich wollte ganz gern einen Bungalow haben, der näher am Wasser und am Geschehen liegt. Der Weg jedes Mal dort hinter ist doch ganz schön weit. So gingen wir zum Tourist-Officer und fragten, ob wir nicht einen anderen Bungalow bekommen könnten. Wir legten ihm unsere Gründe dar und bekamen gleich einen, der fast ganz vorn in der Reihe steht. Im ersten Bungalow befindet sich die Rezeption, im zweiten residiert der Manager und dann kamen wir. Das war doch wesentlich besser.

einer der Gäste-Bungalows

Innenraum der Bungalows

eine gemütliche und sehr schöne Anlage

Bis zum Mittag dösten wir, es war noch kaum eine Stunde bis dahin. Nach dem Essen erkundeten wir in aller Ruhe die nähere Umgebung des Sea Horse, doch wir kamen nicht weit. Mangroven und versteinerte Austernbänke versperrten uns die Wege am Strand entlang. Immer wieder kamen Einheimische auf uns zu und boten uns ihre Ausflüge an, z.B. eine Abendfahrt zur Vogelinsel, eine Tagesfahrt mit der Dhau oder einen Stadtspaziergang mit dem Besuch einer Schlangenfarm und Ruinen der Suahelis vergangener Tage. Sogar Souvenirs konnten wir kaufen. Das alles war nicht gleich etwas für den ersten Tag. Wir wollten uns erst einmal weiter informieren, vor allem wissen, wann unsere gebuchte Safari losgeht, danach wird sich alles andere richten.

der Strand

Kilifi Creek

Nach dem Mittag, das es ebenfalls in Büffetform gibt, musste Klaus erst einmal kurz etwas Schlaf nachholen, ich schrieb derweil auf der Terrasse mein Tagebuch. In etwas Entfernung hörte ich das exotische Schreien eines Vogels, es konnte aber auch ein Affe gewesen sein. Das weiß man in den Tropen nie so genau.
Ich saß noch nicht lange, da fraßen mich auch schon die Mücken auf. Sie sind kleiner als zu Hause und dunkler.
Nach einer dreiviertel Stunde weckte ich Klaus und wir gingen zum Wasser, denn der Strand ist mückenfrei. Wir konnten uns aussuchen, wo wir sitzen oder liegen wollten, ob auf der Terrasse im Schatten der Anlage, auf der Liegewiese im Schatten der Kokospalmen, am Pool oder auf einer Bank in der Sonne. Nur in den Sand konnte man sich nicht legen, der war völlig durchnässt. Wenig später erfuhren wir, warum.
Wir entschieden uns erst einmal für die Sonne und baden gehen. Das Wasser hat eine angenehme Temperatur und ist sauber und blau. Es ist nicht der Indische Ozean, sondern nur ein Creek, eine Brackwasserlagune, die von mehreren Flüssen aus dem Landesinneren gespeist wird.
Kurz nach 17 Uhr suchten wir erneut das Tourist-Büro auf. Diesmal um zu fragen, wann unsere Safari stattfinden wird. Wir bekamen die Auskunft, dass es für uns übermorgen losgeht. Das war genauso, wie wir es uns als optimal ausgemalt hatten. Da würden wir Gelegenheit haben, Land und Leute besser kennen zu lernen und etwas über die gängigen Preise zu erfahren.
Für den nächsten Tag hatte Klaus eine Schnorchel-Tour geplant. Und schon mussten wir feststellen, dass vierzehn Tage viel zu kurz sind, für das, was wir hier alles erleben wollen.
Gegen 15.30 Uhr gab es keinen Strand mehr. Zur Mittagszeit hatte die Flut eingesetzt. Wir konnten das Wasser direkt in den Creek strömen sehen und es stieg ziemlich schnell. Die Mauer, die sich an den Strand anschließt, stand jetzt gut einen halben Meter unter Wasser. Wir standen gerade mit einem Einheimischen diskutierend am Wasser,

als unsere Füße plötzlich nass wurden. Nach und nach verschlossen die vielen kleinen Krabben am Strand ihre Behausungen wasserdicht und warteten, bis die Ebbe die Löcher wieder freigibt.

Ab 19.30 Uhr wird das Abendbrot gereicht. Neben einem Salatbüffet werden die Gäste mit einem Vier-Gänge-Menü verwöhnt, wahlweise mit Fleisch oder Fisch. Wir wählten natürlich Fisch. Den hatten wir zum Mittag auch schon gegessen. Jetzt wussten wir sogar, was es für Fisch war: weißer Schnapper, so stand es auf der Abendkarte. Er schmeckt gut, ist nicht ganz so fest wie Schwertfisch.

Nach dem Abendbrot um 21 Uhr fand eine Folklore-Veranstaltung statt. Mir fielen inzwischen aber auch die Augen zu. Ich hatte zwei Tage durchgemacht und das zeigte jetzt seine Wirkung. Dazu kam, dass wir uns in der Planung für den nächsten Tag anders entschieden hatten. Warum sollen wir schnorcheln gehen, wenn wir tauchen können? Also wollten wir uns noch schnell zum Tauchen anmelden, aber es war niemand mehr da. Der Manager meinte, wir sollten uns einfach am nächsten Tag um 7.30 Uhr einfinden, dann würden wir schon sehen. Das hieß, schon um 6 Uhr aufzustehen und war ein Grund mehr, früh schlafen zu gehen. Wir machten einen letzten Spaziergang zum Wasser, das jetzt noch niedriger stand als am Vormittag. Es war stockdunkel und man konnte gegenüber nichts mehr erkennen. Die letzten Fischer, die noch Licht dabei hatten, haben inzwischen auch Feierabend gemacht.

Wir ließen uns um 6.15 Uhr wecken, denn wir wussten nicht, ob wir heute früh rechtzeitig wach werden würden. Dann gingen wir frühstücken und pünktlich um 7.30 Uhr standen wir vor der Tauchbasis, zusammen mit Dirk, einem jungen allein reisenden Schwaben, der auch mit uns geflogen war. Erst eine dreiviertel Stunde später kam endlich jemand ins Büro. Nach der Anmeldung packten wir unsere ganzen Tauchsachen auf ein Boot, das uns zuerst zur Tauchbasis am Mnarani Beach nahe am Meer brachte. Auch hier ist ein Hotel angeschlossen, das aber im Moment kaum bewohnt ist. Es ist sehr gemütlich an diesem Strand, zumal man hier den ganzen Tag im Sand liegen kann. Nur hier ist es wieder zum Baden nicht optimal, denn der Bereich wird als Hafen genutzt.

Mnarani Beach

Zuerst gingen wir zur Tauchbasis und stellten uns vor. Uwe Pfau, der Eigentümer der Tauchbasis, begrüßte uns. Er lebt mit seiner Freundin schon seit über drei Jahren hier und unterhält nur eine kleine Tauchbasis mit einem kleinen Boot, alles sehr gemütlich. Ganz in Ruhe checkte Uwe unsere Logbücher, während wir uns inzwischen ganz in Ruhe umzogen. Außer uns und unserem Mitreisenden Dirk kam noch ein holländisches oder belgisches Pärchen mit. Sie wohnen im Mnarani-Hotel. Als Bootsbesatzung waren der Steuermann, der Ankermann und der zweite Tauchguide Domminik an Bord. Damit war das kleine Boot einschließlich der ganzen Ausrüstung ausgelastet.
Jetzt konnte es losgehen und die Vorfreude war groß. Aus dem Creek heraus ins offene Meer sind es nur noch ein paar Meter. Während die Wellen im Creek noch ganz annehmbar sind, so sind sie im Indischen Ozean doch ganz schön groß für unser kleines Boot.
War ich bisher mit der Lage unseres Hotels am Creek nicht so recht zufrieden, weil ein schöner weißer Sandstrand fehlt und auch der Blick auf den weiten, blauen Ozean, so war ich es jetzt, nachdem mir der Blick auf die Ozeanküste offenbart wurde. Sie ist eher rau, nur hier und da zeigt sich ein kleiner weißer Strand. Die Reisekataloge schwärmen von kilometerlangen weißen Sandstränden, auch hier weiter nördlich, doch es sieht anders aus. Damit meine ich jedoch, dass diese schroffe Küste auch ihre Reize hat.
Das Boot fuhr etwa eine halbe Stunde über die Wellen. Stellenweise zeigen sich mitten im Meer weiße, sich überschlagende Wellen. Das sieht ungewohnt aus, verrät aber, wo Riffe liegen. Fast die ganze kenianische Küste wird von vorgelagerten Riffen und Lagunen geschützt.
Irgendwo an einer Stelle weit vor der Küste stoppte der Steuermann und der Anker wurde hinabgelassen. Unser Boot war nun ein Spielball der Wellen, wir hatten Mühe unsere Ausrüstung anzulegen. Außerdem merkte ich, dass sich das leidige Unwohlsein einstellte, trotz Vorbeugung. Nur schnell ins Wasser, runter vom Boot. Wir teilten uns in zwei Gruppen und tauchten entlang der Ankerleine ab. Jetzt merkten wir, dass wir es mit einer leichten Strömung zu tun hatten. Das hieß: alle zusammenbleiben. Wir hatten eine gute Sichtweite, zwar nicht berauschend, aber annehmbar.
Langsam ließen wir uns in etwa sechzehn bis neunzehn Meter Tiefe über den Grund treiben. Wir sahen viele verschiedene Fische wie Anemonenfische, Fahnenbarsche, Fledermausfische, Riesenkugelfische, Rotfeuerfische und sogar einen kleinen Anglerfisch. Der war so gut getarnt, dass man selbst bei genauerem Hinsehen kaum etwas erkennen konnte. Uwe machte uns auf ihn aufmerksam, der sitzt wohl öfters dort. Außerdem zeigte er uns zwei Netzmuränen, die aus ihren Löchern guckten und einen Blaupunktrochen, beides hatten wir vorher noch nie gesehen.
Um hier und da Halt zu machen, um ein paar Dinge näher anzusehen, mussten wir uns irgendwo festhalten, sonst wären wir abgedriftet, natürlich ohne etwas zu zerstören. Zum Schluss sah ich noch einen Trompetenfisch, kleine lila Nacktschnecken, eine Seegurke und kleine Fächerkorallen. Große flache Schwämme bevölkern den Boden. Das nenne ich Tauchen, so viel zu sehen bei nur einem Tauchgang. Hier würden wir auf jeden Fall öfters tauchen gehen.

fertig machen zum Tauchen

Zurück auf dem Boot warf es mich um. Trotz einer Pille hatte mich die Seekrankheit voll im Griff. Ich musste mich hinlegen und die Augen schließen, so ging es mir besser. Nach einer dreiviertel Stunde startete der zweite Tauchgang. Ich wollte nur aufstehen, ins Wasser springen und meine Ausrüstung dort anlegen, aber Klaus meinte, dass ich wenigstens die Flossen anziehen sollte. Ich hatte die erste noch nicht an, da fütterte ich auch schon die Fische. Damit hatte sich der zweite Tauchgang für mich erledigt, schade. So blieb ich auf der schmalen, harten Bank im Boot liegen, während sich die anderen in die Fluten stürzten und erst nach gut einer dreiviertel Stunde wieder heraus kamen. Den Berichten zufolge war jedoch dieser Tauchgang nicht so gut wie der erste. Das war ein kleiner Trost für mich.

Wir wollten gerade zur Basis aufbrechen, als es hieß: Walhai! Nein, das durfte nicht wahr sein. Schon am ersten Tag ein Walhai, unser erster Walhai überhaupt, und das in meinem Zustand. Eine schwarze, ziemlich kleine Flosse durchschnitt die Wasseroberfläche. Ich war nicht sicher, ob es ein Walhai war oder vielleicht nicht ein anderer Hai und hatte Bedenken. Die ersten Taucher hatten sich schon ihre Schnorchelausrüstung geschnappt und sind ins Wasser gesprungen, allen voran Klaus. Ich konnte mich nicht entscheiden, aber die Aussicht, mit einem Walhai, dem größten Fisch der Erde, zu schwimmen gab mir Kraft. Jetzt waren auch noch meine Flossen weg. Ehe ich soweit war, war der Hai schon weitergezogen. Unser Steuermann fuhr ihm noch hinterher, aber er war wahrscheinlich durch das chaotische Motorengeräusch abgetaucht und die anderen kamen zurück. Inzwischen hatte ich auch meine Ausrüstung zusammen. Die Suche nach dem Walhai wurde wieder aufgenommen. Nach ein paar Minuten zeigte er sich wieder. Diesmal war ich auch im Wasser und konnte ihn im Profil sehen, wenigstens den vorderen Teil mit dem riesigen Maul und einer Unmenge Begleitfischen. Mein Herz schlug hoch, aber mit meinem Schnorchel stimmte etwas nicht. Ich schluckte immer Wasser. Ich hatte keine Zeit, mich ausführlich darum zu kümmern, sonst ist der Hai weg. Als ich das zweite Mal soweit war, sah ich noch das Schwanzende, dann verschwand er im trüben Wasser. Wahnsinn! Er war nicht eben groß, „nur" zirka sieben Meter, schätzten die meisten.

Der Besuch des Massai-Dorfes zeigte uns, wie die Menschen hier im Busch wirklich leben. Es ist erschütternd. Ihr ganzes Leben ist auf die Beschaffung von Nahrung ausgerichtet, das Wasser muss von weit her geholt werden, Strom gibt es gar keinen und Feuer wird in den Hütten gemacht, um nicht den Busch abzufackeln.

Das Dorf mit den Hütten der Menschen ist rundherum durch Akazienzweige vor wilden Tieren geschützt. An solch einer Hütte wird eine Woche lang gebaut und sie hält dann ungefähr sechs Jahre. Das Grundgerüst besteht aus Zweigen, die Zwischenräume werden mit einem Sand-Wasser-Gemisch ausgefüllt. Das Dach wird mit Leder ausgelegt und ebenfalls mit diesem Gemisch belegt. Ein paar wenige, winzige Öffnungen in der Wand sorgen nicht für genügend Licht in der Hütte. Eine Trennwand teilt den Innenraum in zwei Räume mit Liegestatt und Bank. Der eine Raum hat einen „Schrank", der andere einen Tisch. Die ganze Inneneinrichtung ist aus Holz oder Zweigen und Leder hergestellt. Auf der einen Seite schlafen die fünf Kinder, auf der anderen die Eltern. Auf der Seite der Kinder befindet sich die Feuerstelle, die die karge Luft in der Hütte zusätzlich vergiftet. Diese Leute können nicht alt werden.

In der nächsten Reihe sind trockene Akazienzweige zu Gattern für die Tiere wie Ziegen, Schafe und Hühner angeordnet. Dann bleibt noch ein größerer Platz als Dorfmittelpunkt, der tagsüber als Treffpunkt dient und nachts die Rinder beherbergt, die tagsüber außerhalb des Dorfes weiden.

Als wir beim Dorf ankamen, das heutzutage zusätzlich großräumig mit einem Elektrozaum geschützt ist, begrüßte uns die Bürgermeisterin. Sie führte uns weiter zum Dorf, vorbei an weidenden Ziegen. Dort hatten sich schon die Dorfbewohnerinnen zu einem Begrüßungslied aufgestellt. Nur ein Mann war dabei. Sein Bein war durch Kinderlähmung vollkommen verkrüppelt, wodurch er nicht mehr in der Lage war, mit den anderen Männern auf Jagd oder zum Kühe hüten zu gehen.

Nach der Begrüßung luden uns die Frauen ins Dorf ein, wo uns die Kinder neugierig umringten. Die Leute erzählten uns etwas über das Leben im Dorf und dann durften wir uns umschauen. An einem Verkaufsstand boten die Massai-Frauen selbstgefertigten Schmuck aus bunten Perlen oder Kuhknochen an, oder auch ein paar Schnitzereien. Klaus und ich kauften jeder eine Kette mit Anhängern aus bearbeiteten Kuhknochen. Dazu fanden wir eine geschnitzte Figur für unseren Wüstennachbarn, als Dankeschön für sein Mitbringsel damals von den Tuareg aus Algerien. Durch unsere Unerfahrenheit in Bezug auf die hier üblichen Preise bezahlten wir natürlich alles viel zu teuer, wie sich später herausstellte.

Dieser Besuch im Massai-Dorf war sehr interessant für uns. Wir sind zwar auch sehr naturverbunden und brauchen eigentlich wenig zum Leben, aber das hier war dann doch nicht unser Ding.

Eine Mitreisende verteilte noch ein Kartenspiel an die Kinder, die sich darauf mit großen Augen, jeder mit ein, zwei Karten in der Hand, zu ihren Hütten zurückzogen, um damit zu spielen.

Ankunft im Massai-Dorf   Ziegen als Haustiere

Begrüßung der Touristen

Wohnhütte der Massai   Massai-Dorf

Nach einer halben Stunde verließen wir das Dorf und setzten unsere Safari fort. In einiger Entfernung regnete es schon wieder und es bildete sich ein Regenbogen.
Gegen 18 Uhr wurde es so dunkel, dass man kaum noch fotografieren konnte. Mitten auf einer Kreuzung lag eine Hyäne in einer Kuhle. Die ließ sich durch nichts aus der Ruhe bringen, drehte nur ab und zu mal den Kopf.

die Tiere ziehen sich zum Schlafen zurück   eine Hyäne sucht Ruhe

Thomas fuhr uns noch einmal an der großen Ebene mit dem Aussichtspunkt vorbei, es war aber kein Tier mehr anzutreffen. Die hielten sich jetzt alle im Busch auf, wo sie ihre geschützten Schlafstellen haben. Es fällt auf, dass das meiste Unterholz zu Unterschlüpfen umgebaut ist. Die Tiere haben sich regelrechte Höhlen aus den dornigen Zweigen der Büsche gebaut. Viele Junggiraffen waren jetzt unterwegs.
18.30 Uhr ist es dunkel und wir verdösten die Stunde bis zum Abendbrot auf der Terrasse am Pool mit einem Cocktail „Black Mamba" in der Hand, einem richtigen Bretterknaller.
Aus dem Wald hinter dem Wasserloch drang ein vielstimmiges Konzert. Fledermäuse kreisten über unseren Köpfen. Sonst ließ sich nichts und niemand sehen.
Nach dem Abendbrot gingen wir noch einmal zum Wasserloch, um zu sehen, ob jetzt irgendein Tier da wäre, dann wollten wir zurück zur Baracke. Auf dem Weg hörten wir aus dem Dunkel laute Geräusche, so wie ein heißeres Brüllen einer Antilope oder so etwas. So gingen wir dem Geräusch nach und landeten am Teich der Lodge im Eingangsbereich. Wir leuchteten mit unserer Taschenlampe und fanden ein paar Frösche im Teich. Ihr Konzert war ohrenbetäubend und hörte sich wie eine Mischung aus Rülpsern und Knattern an, ich kann es gar nicht beschreiben. Solche Töne hatten wir bisher noch nie gehört. Wir lauschten dem Konzert eine Weile, als uns einer der Massai folgte und uns zurück bat. Man sollte hier nachts nicht mehr spazieren gehen.

Wieder mussten wir um 5.30 Uhr aus den Betten, um 6 Uhr für die erste Safari des Tages bereit zu sein. Heute bekamen wir zwei neue Tiere zu sehen: Wüstenfüchse und einen Marabu. Das Beste allerdings waren die Elefanten auf dieser Tour. Bisher hatten wir nur die Mutter mit dem Baby gesehen, heute früh noch einen Elefanten weit weg am Buschrand. Thomas hielt plötzlich an und sah in die aufgehende Sonne. Direkt aus der Sonne heraus kam eine ganze Elefantenherde. Wir waren alle baff und fuhren ihnen sofort entgegen. Es waren viele Tiere, große und kleine. Sie kamen langsam näher und stoppten kurz. Inzwischen hatten sich noch mehr Autos eingefunden, das wollte sich keiner entgehen lassen. Die Leitkuh führte ihre Herde weiter, direkt durch die Autos hindurch. Es war grandios. Majestätisch und in voller Größe liefen sie dem dichten Busch entgegen. Dann kam die Kuh mit dem Jungen, die zudem noch eine ältere Tochter dabei hatte. Das Kleine konnte ja nicht so schnell und wollte immer wieder Milch bei der Mutter trinken. Die anderen Mitglieder der Herde warteten ab und zu, bis sie aufgeholt hatten. Es war lustig zu sehen, wie das Kleine versuchte, der Mutter zu folgen. Es warf seine kleinen Beinchen nach vorn, der Rüssel schlenkerte nach allen Seiten. Es war richtig niedlich. Wir beobachteten sie eine ganze Weile und konnten uns gar nicht satt sehen.

Kimana River

Paviane

Wasserbock am Kimana River

herrliche Tiere, die Giraffen

die Elefanten kommen

grandios, diese Tiere

unbeirrt ziehen sie weiter

riesiger Elefantenbulle auf Nahrungssuche

Dann fuhren wir doch weiter und trafen wenig später auf vereinzelte Bullen und eine Junggesellengruppe von fünf Tieren. Außerhalb der Paarungszeit sind sie getrennt von der Herde unterwegs.

Diese Safari war wieder sehr lohnenswert. Die Sonne hatte inzwischen an Höhe gewonnen und fing an zu wärmen. Nach zweieinhalb Stunden waren wir zum Frühstück in der Lodge zurück.

Besuch von grünen Meerkatzen

Graukopf-Eisvogel

Tüpfelhyäne

Nach dem Frühstück packten wir unsere Sachen zusammen und checkten aus, danach spazierten wir noch einmal durch die Lodge. Heute tummelten sich grüne Meerkatzen, eine hübsche aufgeweckte Affenart, in der Lodge. Es lassen sich hier doch immer wieder neue Entdeckungen machen.

Um 10 Uhr begann unsere letzte Safari im Kimana-Park. Zebras, Gnus, Giraffen, eine ziehende Herde Kaffernbüffel, zwei Elenantilopen, wieder Elefanten, Paviane, auch Warzenschweine zeigten sich immer wieder. Leider war kein Löwe dabei, schade.

Der Kilimanjaro ließ sich auch nicht mehr blicken, er hatte uns nur einen Augenblick gegönnt.

Warzenschwein　　　　　　　　　　Strauß

Wüstenfüchse

Perlhühner

Dann kam noch eine Überraschung. Wir fuhren zur „Kilimanjaro Zebra Lodge", die in der Nähe der Leopard-Lodge, also unserer Lodge liegt. Die Lodges sind in diesem Park unter dem Namen „Kimana Lodge" zusammengefasst. Das erfuhren wir jetzt.

Thomas meinte, wir sollten doch absteigen, wir wären bei den Hippo´s. Was meinte er damit? Sollen hier, mitten in der Lodge Hippo´s, also Nilpferde sein? Wir waren gespannt wie Flitzebögen. Zwei Massai begrüßten uns und führten uns durch die Lodge, eine sehr gepflegte Anlage direkt am Kimana-River. Zuerst folgten wir einem der Massai auf einem Fußpfad über den Fluss, wobei wir an einer Quelle vorbei kamen. Deren Wasser kommt vom Kilimanjaro und tritt hier an die Oberfläche, um den Kimana-River zu speisen. Diese Quelle ist übrigens frei von Krokodilen und das ist gut so, denn sie dient den Einheimischen und Lodges als Wasserreservoir.

Viele Fliegen begleiteten uns auf dem weiteren Weg. Dem Massai folgte unauffällig ein Gnu. Nach etlichen Metern kamen wir an ein Wasserloch, in dem sich Nilpferde tummelten. Toll, jetzt bekamen wir auch noch Nilpferde zu sehen, was will der Mensch mehr? Allerdings beschränkte sich das Sichtbare der Tiere auf die Augen, Ohren und die Nasenlöcher, alles andere befand sich unter Wasser. Trotzdem machten sich die Nilpferde hin und wieder lautstark bemerkbar. Der Massai lenkte unsere Aufmerksamkeit zusätzlich noch auf ein Krokodil, das am anderen Ufer lag. Dieses Wasserloch teilen sich vierzehn Nilpferde und drei Krokodile, erzählte uns der Massai.

Quelle des Kimana River

Massai mit Gnu

Hippo-Pool

Nilkrokodil

Flusspferde　　　　　　　　　Goldweber

Das Wasserloch wird von zwei weiteren kalten Quellen gespeist, ideal für die Kühlung liebenden Flusspferde. Die Hippo´s würden früh zwischen 7 und 8 Uhr ins Wasser gehen und abends zwischen 6 und 7 Uhr wieder herauskommen. Wir waren beeindruckt, alles ohne Zäune und Gehege. Das drängte förmlich eine Frage auf: Was ist mit den Besuchern der Lodge, wenn die Nilpferde abends auf Nahrungssuche gehen, in unmittelbarer Nähe der Bungalows? Der Massai erzählte uns, dass die Flusspferde schon manch einen Menschen angegriffen hätten, der unachtsam in diesem Gebiet spazieren ging. Es sind gefährliche Tiere und man sollte sich abends nicht von den Bungalows entfernen.

Um das Wasserloch herum tummelten sich wieder eine Menge Vögel, wie leuchtend gelbe Webervögel und Reiher, die hoch oben in einer Baumkrone saßen. Winzige blau und rot gefärbte Vögelchen, von denen wir noch nie etwas erfahren hatten, schwirrten durch die Luft. Sie sind noch kleiner als unser Zaunkönig und sehr quirlig. Es ist ein herrliches Fleckchen, wenn da nicht die Fliegen wären.

Nachdem wir alles in uns aufgenommen haben, spazierten wir zurück zur Lodge und sahen uns dort etwas um. Es ist eine hübsche Anlage und im Fluss gibt es viele Fische. Eine große Lagerfeuerstelle sorgt für Gemütlichkeit in der Nähe des offenen Restaurants.

Ein kleiner Weg führt aus der Lodge heraus. Dort machte uns der Massai auf eine kleine schwarze Schlange in einem Busch aufmerksam. Wir konnten sie kaum erkennen, doch wir sollten Abstand halten.

Wenig später standen wir in einer weiteren Lodge. Wie sich herausstellte, ist es jene Lodge, die wir für unsere Safari eigentlich gebucht hatten. Es ist ein Zeltcamp, das zurzeit leer stand. Hier wären Klaus und ich richtig gut aufgehoben gewesen. Wir hatten uns schon gewundert, dass wir beide Strecken mit dem Flugzeug unterwegs waren. Gebucht hatten wir die Hinfahrt per Auto und zurück per Flugzeug mit Übernachtung in diesem Zeltcamp. Wir fragten, warum keine Gäste da sind und bekamen zur Antwort, dass die Saison für das Camp erst im November beginnt. Bis dahin ist es unter Umständen nachts noch zu kalt.

In einem Halbrund sind Zelte aufgebaut, die auf festem Boden stehen und mit einem Dach aus Buschwerk geschützt sind. Ein Badezimmer ist durch einen licht- und luftdurchlässigen Anbau aus Holz entstanden. Die Zelte sind geräumig, mit zwei Betten, einem kleinen Schrank und Lampen, die durch einen Generator gespeist werden.

Während die meisten anderen Leute sich das kopfschüttelnd ansahen, ärgerten wir uns, solch eine tolle Unterkunft verpasst zu haben. Auch hier sorgt eine riesige Feuerstelle für Gemütlichkeit unter dem Kilimanjaro.

Rezeption des Camps

Unterkunft im Zeltcamp

Der „Speisesaal" ist ebenfalls nur eine Hütte, mit Sitzplätzen für ungefähr zwanzig Personen. Das Essen wird wohl aus der Zebra-Lodge geliefert. Romantischer geht es nicht mehr.

An der Rezeption dieses Camps endete die Führung durch die beiden Massai. Sie waren sehr freundlich und wünschten uns noch einen schönen Urlaub in Kenia und alles Gute für die Zukunft. Dann ging es wieder zum Auto zurück. Im Souvenirshop sah ich dann, dass wir im Massai-Dorf viel zu viel für unsere Ketten bezahlt hatten. Dafür gab es hier schöne Ansichtskarten, von denen ich gleich welche für unsere Leute zu Hause kaufte. Briefmarken gab es allerdings hier keine.

Ein letztes Mal ging es mit unserem Vehicle durch den Busch, mit einem letzten Versuch, an einer Wasserstelle Tiere zu sehen, aber es war wieder nichts da. Alles in allem konnten wir uns dennoch wahrhaftig nicht über die Safari beschweren. Wir bekamen mehr zu sehen als manche anderen Trupps, denn wir hatten mit Thomas einen exzellenten Fahrer. In unserer Lodge angekommen, bedankten wir uns ganz herzlich mit einem guten Trinkgeld bei ihm.

Das Mittagessen war wie immer reichlich und gut, anschließend setzten wir uns auf die Terrasse hinter dem Speisesaal. Von dort aus beobachteten wir erneut das kleine Wasserloch der Leopard-Lodge und ließen dabei die Safari noch einmal Revue passieren.

Wir können sagen, dass wir vom Affen bis zur Giraffe und vom Nektarvogel bis zum Geier alles gesehen haben, außer Löwen, Geparden und Nashörner. Wir waren so voller Eindrücke und rundum zufrieden, dass wir diese Tiere kaum vermisst haben, obwohl es ja sicher ein Highlight gewesen wäre.

immer wieder Paviane　　　　　　nette Aufmerksamkeit

Speisezimmer im Hauptgebäude　　Wasserloch hinter dem Hauptgebäude

Kurz vor 14 Uhr brachte uns Thomas noch zum Flieger und gut eine Stunde später landeten wir in Mombasa. Unterwegs konnten wir einen letzten Blick auf den Gipfel des Kilimanjaro erhaschen, wenn auch über den Wolken.

Gipfel des Kilimanjaro über den Wolken

Dick angezogen von der Safari kommend, bekamen wir in Mombasa einen Hitzschlag. Der Kimana-Nationalpark liegt etwa 1200 Meter hoch, da sind die Temperaturen etwas anders, als an der flachen Küste. Ohne uns umziehen zu können, denn der Bus wartete schon, stiegen wir ein. Der fuhr uns jedoch nicht nach Kilifi, sondern parkte uns im

Paradise Beach-Hotel am Shanzu-Beach in Bamburi. Wir sollten dort warten, bis wir nach Kilifi abgeholt werden. Keiner von uns kam auf die Idee zu fragen, wann das sein würde. So stellten wir unsere Sachen im Eingangsbereich des Hotels ab. Vor allem mussten wir erst einmal etwas Luftigeres anziehen. Anschließend sahen wir uns die Geschäfte an. Hier ist das Angebot wesentlich reichhaltiger, als wir es bis dahin kannten. Die Preise sind entsprechend teurer, nehme ich mal an.

Dann lockte der Strand. Wir meldeten uns bei einigen Mitreisenden ab und sagten, dass wir gleich wiederkämen. So gingen wir am großen Pool des Hotels vorbei, über die Liegewiese an den Rand eines Abhanges. Weit unten breitet sich der Strand aus, herrlich weiß. Das Blau des Ozeans leuchtete. Vor der Küste erkennt man anhand der Wellenbrechung die vorgelagerten Riffe. Die Strandhändler hatten sich ausgebreitet. Uns war es zu mühsam, erst den Berg hinunterzulaufen, dann wieder hoch. So sahen wir uns das Ganze nur von oben aus an. Das Paradise Beach-Hotel an sich könnte von der Architektur her überall auf der Welt stehen. Es hatte nichts mit Afrika zu tun. Außerdem war der Weg zum Strand zu anstrengend. Also hier wollten wir nicht wohnen.

Am Eingangsbereich zurück, erfuhren wir, dass inzwischen ein Bus zu uns unterwegs sei. Ich hatte Appetit auf ein Eis und wir kauften uns jeder eines, allerdings ohne zu fragen, was es kostet. Trotzdem wir mit unserer Member-Card bezahlten, kostete ein Eis 3,- Euro, ein ganz normales Magnum-Eis, und das in Afrika.

Schon nach einer Stunde und zehn Minuten, andere Gruppen warteten an anderen Tagen bis zu sechs Stunden, kam endlich der Bus. Es war wohl die Regel, dass die Urlauber, die nach Kilifi oder Watamu weiter wollten, in den Hotels hier am Shanzu-Beach abgesetzt werden, weil die Busse anderweitig eingesetzt sind. Also, da muss ich sagen, dass die Organisation in der Safari-Lodge im Busch erstklassig war. Da wurden Termine vorgegeben und immer eingehalten, auf die Minute. Da vertrödelte niemand Zeit.

Endlich kamen wir in Kilifi an und konnten uns den Staub der letzten drei Tage aus den Haaren spülen. Danach räumten wir unsere Sachen auf und gingen an den Strand. Inzwischen war es dunkel draußen. Wie wir so auf der Bank am Wasser saßen, kam eine große Krabbe auf dem Weg anspaziert. Wie kam die denn hierher? Wir beobachteten sie eine Weile, dann wollte Klaus sie an den Strand setzen. Sie wehrte ihn mit ihren großen Scheren ab, doch Klaus bekam sie zu fassen und wollte sie von den Steinen nehmen. Die Krabbe ließ aber nicht los. Klaus konnte ziehen, wie er wollte, die Krabbe war kräftiger. Hätte Klaus noch weiter gezogen, hätte sich die Krabbe wahrscheinlich die Beine ausgerissen, also ließen wir sie in Ruhe. Später erfuhren wir, dass die Krabbe mit absoluter Wahrscheinlichkeit gar nicht zum Strand wollte, denn es war eine Landkrabbe, die in Löchern im Boden lebt und gerne nachts unterwegs ist.

Heute Abend fand ein Spezialitätenabend statt, ein afrikanischer Abend. Spezialitäten wie Huhn in Kokossoße, Lamm, Süßkartoffeln und auch undefinierbare Sachen füllten das Büffet. Leider war das meiste Fleisch sehr zäh und kaum zu essen, doch vom Geschmack her waren die Speisen sehr gut.

Plötzlich gab es Aufregung im Speisesaal. Zwei Tische weiter schauten die Leute ständig nach oben. Immer mehr Leute taten es ihnen gleich. An dem Balken über ihnen saß eine große Gottesanbeterin. Nicht lange darauf schwirrte sie über den Köpfen der Leute und um die Lampen herum. Die Frauen sprangen kreischend auf, auch ich war sprungbereit. Das gemütliche Abendbrotessen hatte sich damit erledigt. Ich sah zu, dass ich mit dem Essen fertig wurde und suchte mit Klaus das Weite, die Ruhe des Strandes. Um 21 Uhr hatte eine weitere Gruppe aus dem Dorf ihren Auftritt. Sie waren schon da und bereiteten sich auf eine Darbietung mit Gesang, Trommelmusik und Hüftschwung vor. Klaus und ich waren von den letzten drei Tagen zu müde, um uns die Show bis zum Schluss anzusehen. Irgendwann suchten wir langsam unseren Bungalow auf, wo uns schon die nächste Überraschung erwartete. Eine kleine, schwarzglänzende Schlange lag auf der Terrasse. Zufällig lief gerade der Tourist-Officer bei uns vorbei und ich bat ihn um Hilfe. Wir hatten ja keine Ahnung, ob die giftig ist oder nicht. Der Massai in der Zebra-Lodge hatte uns vor solch einer Schlange gewarnt. Der Officer meinte, die wäre nicht giftig, aber wir sollten einen Augenblick warten, er kommt gleich wieder. Dann ging er fort und kam gleich darauf mit einem Schrubber zurück und erschlug die Schlange. Also, wenn sie nicht giftig gewesen wäre, hätte er sie nicht erschlagen müssen.

Wie wir inzwischen erfahren hatten, hatte es gestern den ganzen Tag in Kilifi kräftig geregnet. Die Wasserlöcher im Garten des Hotels mit dem Schilf und der verbindende Bachlauf standen voll Wasser. Das nutzten die Frösche und stimmten auch hier, wie schon in der Lodge, ein ohrenbetäubendes und mit der Zeit nervtötendes Konzert an.

Nun wollten wir wieder zum Tauchen mitfahren. Wir standen etwas später auf, als das erste Mal und waren immer noch zu früh. Nach dem Frühstück blieb immer noch massig Zeit.

Endlich ging es los. Zuerst fuhren wir wieder zur anderen Basis am Mnarani Beach, zogen uns um und bekamen zu hören, dass wir die gleichen Tauchplätze anfahren, wie das erste Mal. Da es vor zwei Tagen wie aus Kübeln gegossen hatte, sind die Wasserbedingungen dort wohl noch am besten. Naja, macht ja nichts, es war dort schon interessant. Diesmal hatte ich zwei Autofahrerpillen genommen, damit ich auch den zweiten Tauchgang machen kann. Klaus und ich blieben heute die einzigen Tauchgäste. Uwe tauchte deshalb mit uns. In aller Ruhe glitten wir in zirka vierzehn bis zwanzig Metern Tiefe am Riff entlang. Diesmal entdeckte ich eine Languste. Nur die riesenlangen Fühler konnte ich sehen, der Rest versteckte sich unter einem Vorsprung. Um sie zu sehen, musste ich mich fast auf den Bauch legen. Klaus entdeckte einen großen schwarzen Rochen, der im Sand lag. Der hatte bestimmt fast eineinhalb Meter Durchmesser. Später fand ich noch einen Blaupunktrochen, auch die Netzmuräne war wieder da. Es war ein wirklich schöner Tauchgang, ohne ständig mit den anderen Tauchern die besten Plätze teilen zu müssen. Besonders beim Strömungstauchen ist das hinderlich. Da hat man schon so seine Schwierigkeiten, eine gute Beobachtungsstellung zu erwischen.

Fische tummelten sich wieder ohne Ende am Riff, auch Fangschreckenkrebse ließen sich beobachteten. Leider versteckten die sich viel zu schnell in ihren Höhlen.

Nach einer Stunde kletterten wir zurück ins Boot, um eine Oberflächenpause einzulegen und die Flaschen zu wechseln. Dabei suchten wir die Wasseroberfläche nach verdächtigen dunklen Flecken ab. Vielleicht lässt sich doch noch ein Walhai sehen. Auf halber Strecke zwischen unserem Liegeplatz und der Küste brachen sich die Wellen heute besonders schön am darunter liegenden Riff. Da die Tauchplätze von Uwe allesamt am Außenriff liegen, überfahren wir jedes Mal dieses erste Riff. Immer wieder staunten wir über die weißen Schaumkronen mitten im Meer.

Eine dreiviertel Stunde später starteten wir zum zweiten Tauchgang an einer anderen Stelle. Diesmal ließ sich außer einem schönen großen Drachenkopf nichts Besonderes finden, nur Unmengen verschiedenster Fische. Die freischwimmenden Feuerfische wirkten wie kleine Juwelen im trüber gewordenen Wasser. Hier ist die Welt noch in Ordnung, ein unberührtes Riff, das macht Spaß.

Einen Walhai sichteten wir heute nicht, so waren wir pünktlich zum Mittagessen zurück.

Um 15 Uhr hatten wir eine Verabredung mit Daniel. Er wollte uns auf dem Spaziergang durch Kilifi begleiten. Bis dahin entspannten wir noch ein paar Minuten auf der Terrasse unseres Bungalows.

Bungalow im Sea Horse Kilifi

Aussicht aus dem Bungalow

Pünktlich trafen wir Daniel am Eingang des Sea Horse. Es war heute warm und die Sonne brannte. Auf einen Hut sollte man in gar keinem Fall verzichten. Der Weg in die Stadt ist weit, etwa zwei Kilometer auf einer staubig sandigen Fahrpiste. So waren wir schon geschafft, ehe wir auf die Hauptstraße stießen, die die Nord-Südverbindung entlang der Küste darstellt und die Stadt vom Küstenstreifen trennt. Die Hütten sind ärmlich, die Gärten geben kaum etwas her und überall liegt der Müll herum. Daniel führte uns irgendwelche verschlungenen Wege entlang, bis wir zum Markt kamen. Hier spielt sich das Leben ab. Hütten aus Sisalstangen und Wellblech, die den Eindruck erwecken, dass sie jeden Moment zusammenfallen, schützen die Marktleute und ihre Waren vor der Sonne. Am besten sah noch das Obst und Gemüse aus, dazu war selbstgemachtes Gebäck im Angebot. Von dem Fisch würde ich nicht probieren.

Ein Stück weiter wurden Haushaltwaren, Bekleidung und Schuhe angeboten. Dazwischen fanden sich immer wieder Frisierstuben und Schneider. Ich traute mich nicht, zu fotografieren. Erst als wir auf eine große Straße kamen, an der auch feste, zum Teil mehrstöckige Häuser stehen, fragte ich Daniel, ob ich Bilder machen dürfte. Er war ganz begeistert, dass ich diesen Wunsch äußerte, ich solle mir keinen Zwang antun.

Klaus hatte sich nicht eingecremt und die Sonne trocknete seine ungeschützten Schulterpartien aus. So mussten wir einen Laden suchen, der Sonnencreme im Sortiment hat. Daniel führte uns in einen dieser Läden. Es war ein Lebensmittelladen, der auch Drogerieartikel führt. Als Klaus seine Sonnenmilch bezahlen wollte, wollte der Kassierer mehr Geld von Klaus haben, als ihm zustand. Daniel stellte sich auf unsere Seite und Klaus zahlte, was dem Kassierer zustand. Überhaupt war es gut, dass wir Daniel an unserer Seite hatten, so wurden wir kaum belästigt. Vor allem die Kinder fragten immer wieder nach Premente, Süßigkeiten.

Dann erreichten wir einen Platz voller Menschen und Autos, den „Busbahnhof". Etliche der kleinen Busse und Sammeltaxis warteten auf Kundschaft, dazwischen die Straßenverkäufer mit Getränken, Nüssen und anderen Dingen. Wir fragten Daniel, woher die Leute wissen, welcher Bus in dem Gewimmel wohin fährt. Er meinte, die nach Süden fahren da ab und die nach Norden fahren dort ab. Schilder mit Fahrtzielen gibt es nicht.

Landschaft vorm Sea Horse Hotel

Baobab - Affenbrotbaum

Spaziergang durch Kilifi

die Hütten der Einwohner

Jetzt hatten wir ungeheuren Durst und wir wussten überhaupt nicht mehr, wo wir waren. Daniel führte uns weiter zu einer großen Diskothek, aus der laute Diskomusik auf die Straße dröhnte. Nebenan lud eine kleine Kneipe zur Einkehr ein. Wir bestellten etwas zu trinken und stürzten es die Kehlen hinunter. Bloß gut, dass wir die Hüte hatten, sonst hätte unser Gehirn gekocht. An diesem Tag war es besonders heiß. Daniel sagte, dass es 38°C wären. Jetzt war alles klar. Wenn wir schon mal unterwegs sind.
Nachdem wir uns ausgeruht hatten, wir waren schon eineinhalb Stunden unterwegs, brachen wir zum Hotel auf. Zu unserer Freude befanden wir uns schon ganz in der Nähe der Hauptstraße. Jetzt ging es meist leicht bergab.
In Kilifi leben fünfzigtausend Menschen, weit verstreut. Sie leben unter mehr oder weniger ärmlichen Bedingungen. Die Arbeitslosigkeit liegt bei siebzig Prozent. Jeder versucht auf seine Weise, sich ein bisschen Geld zu verdienen. Wir haben den Eindruck, dass es mehr Verkäufer als Käufer gibt. Da haben es die Strandverkäufer beim Hotel noch gut, wo ständig neue Gäste kommen, die Souvenirs oder Ausflugsmöglichkeiten suchen. Wahrscheinlich muss man sogar ein Privileg haben, um dort verkaufen zu dürfen, denn es waren immer dieselben Leute.
Nach insgesamt zwei Stunden hatten wir das Hotel erreicht. Mir kam es vor, als ob wir fünf Stunden unterwegs gewesen waren, denn meine Füße brannten.
Daniel bekam zum Dank ein paar Schilling von uns, denn auch er ist auf die Touristen angewiesen und bietet deshalb seine Dienste an. Die Kenianer sind sehr sympathische und zurückhaltende Menschen. Wenn sie ihre Dienste anbieten, dann tun sie es auf eine unaufdringliche Weise, obwohl sie jeden Schilling brauchen, und sind dann auch sehr dankbar. So haben beide Seiten ihren Nutzen.
Was die Armut angeht, die wir nur schwer verarbeiten können, half uns Daniel ebenfalls weiter, wenn auch unbewusst. Denn er fragte uns, wie uns der Stadtbummel gefallen hat und hatte dabei ein Lächeln auf den Lippen. Zuerst wussten wir gar nicht, was wir sagen sollten. Klaus gab ihm dann eine diplomatische Antwort. Für uns war es aber ein Hinweis, dass die Menschen hier mit ihrem Leben zufrieden sind, ja sogar stolz auf das sind, was sie inzwischen erreicht haben. Immer wieder stoßen wir auf Projekte der Entwicklungshilfe, wie die neue Brücke über den Creek, das Wasser- oder Elektrizitätswerk. Wir spürten mit der Zeit, dass Kenia im Aufbruch begriffen ist. Zwar

gibt es immer wieder Rückschläge und das Geld fließt nur zäh, aber es geht in ganz kleinen Schritten vorwärts.

Bevor wir uns von Daniel trennten, lud er uns noch ein, an einem anderen Tag sein Zuhause zu besichtigen. Wir freuten uns auf die Einladung.

Doch jetzt wollten wir nur noch eines: baden gehen. Das Wasser war kälter als am ersten Tag. Wahrscheinlich hatte es der große Regen abgekühlt. Dann setzten wir uns ganz in Ruhe auf eine Bank und warteten auf den Sonnenuntergang. Die Sonne ging rot hinter ein paar Wolkenbänken über dem Creek unter, und das genau in unserem Blickfeld, wunderbar.

Bis zum Abendbrot blieb noch Zeit. Ich wusch die Wäsche, die ich mittags eingeweicht hatte. Da das Waschbecken sehr klein war, musste ich diese Übung mehrmals wiederholen. Die Safari und die Hitze hatten für einen großen Wäscheberg gesorgt. Zwar meldeten wir die Wäsche zum Waschen durch das Hotel an, aber sie wurde nicht abgeholt.

Nach dem Abendessen trat eine Gospelgruppe auf. Abermals hinderte uns die Müdigkeit daran, dem Programm zu folgen. Safari, Tauchen, der lange Spaziergang in der Hitze, das fordert seinen Tribut.

Am Bungalow angekommen, wartete schon wieder eine Überraschung auf uns. Unten am Strand hatten wir vorhin noch zwei dieser großen Krabben gesehen. Jetzt saß eine direkt vor unserer Tür. Tausendfüßler trifft man hier auch überall, das ist eben Kenia. Ob die anderen Urlauber in ihren Bettenburgen auch so naturnah leben?

Bei den Tausendfüßlern war ich mir nicht sicher, ob die giftig sind. Wir ließen vorerst die Finger von ihnen.

Tausendfüßler oder Keniaexpress

Es hat die ganze Nacht geregnet und es regnete noch. Beim Frühstück auf der Terrasse sah man nicht mehr das gegenüberliegende Ufer des Kilifi-Creek. Dafür beobachteten wir am Strand zwei Graufischer, die vom Volleyballnetz aus im Sturzflug Fische fingen. Dazu hatten sich zwei kleine Reiher, weiß mit schwarzen Beinen und schwarzem Schnabel, gesellt.

Abwarten und Tee trinken war jetzt die Devise. Nach einer Stunde, einer der Stewards hatte gesagt, dass der Regen in ein bis zwei Stunden nachlassen würde, suchten wir unseren Bungalow auf. Ich wollte die nächste Tour Wäsche waschen. Den Rest der Zeit bis zum Mittag vertrieben wir uns mit Lesen und Regen beobachten. Langsam wurde es heller.

Das Mittagessen nahmen wir heute eine halbe Stunde früher ein, weil wir die „Bamburi-Tour" gebucht hatten. Die sollte um 12.30 Uhr losgehen. Leider mussten wir erfahren, dass die Tour ausfällt, weil angeblich das Auto kaputt wäre. Etwas später erzählte man uns dann, dass wegen des Regens in Mombasa die Hölle los sei und kein Auto kommen könnte. Auch die Masseuse, die von jemandem bestellt worden war, kam nicht. Langsam stellte sich heraus, dass der in Mombasa zentralisierte Fuhrpark eher ein Hindernis als eine Errungenschaft ist. Sämtliche Fahrten wurden von Mombasa aus koordiniert.

Da wir so bedrückt wirkten, denn wir hätten diese Tour wirklich gerne gemacht, kam der Tourist-Officer zu uns und bot uns als Entschädigung eine abendliche Bootsfahrt zur Vogelinsel an. Wir nahmen das Angebot gerne an, denn wir wollten sowieso einmal dorthin. Was sollten wir sonst den ganzen Tag machen?

Nach dem Essen fuhren wir erst einmal eine Runde Tretboot über den See. Meine Güte, war das anstrengend. Bei den Temperaturen artet Tretbootfahren in Arbeit aus, zumal ziemlich viel Wind und Wellengang herrschten. So kamen wir nach einer Stunde ständigen Tretens wieder zurück. Die Strömung erlaubte kaum eine Pause, sie drückte uns immer wieder zum anderen Ende des Sees. Da hatten wir uns auf etwas eingelassen.

Für Klaus war das noch nicht genug Betätigung. Er versuchte es anschließend mit Surfen, scheiterte aber kläglich. Naja, nach über fünfzehn Jahren Abstinenz kein Wunder.

Um 16 Uhr legte das Boot zur Vogelinsel ab. Das kleine Boot des Hotels brachte uns zum hinteren Ende des Sees, wo Mangroveninseln liegen. Zuerst konnten wir nichts entdecken. Dann saßen am hinteren geschützten Ende der Inseln etliche große Vögel auf den Ästen. Das war ein herrlicher Anblick. Löffler, Ibisse, zwei verschiedene Reiherarten, Nimmersatte, Eisvögel, Schwalben und sogar ein paar Fischadler tummelten sich in dem Astgewirr oder darüber. Alle diese Vögel sammeln sich jeden Abend, um hier ihre Schlafplätze aufzusuchen. Es soll auch Pelikane geben, aber da konnten wir keinen entdecken.

Wir beobachteten die Vögel aus allernächster Nähe und das eine ganze Weile, wie sie sich putzten, von Ast zu Ast sprangen oder einfach nur dösten. Das war eine schöne und interessante Tour und unsere Liste der in Kenia beobachteten Tiere wurde immer länger.

Vogelinseln im Creek

Reiher

Nimmersatt

Silberreiher

Heiliger Ibis

gelbschnabeliger Milan

Afrikanischer Löffler   Graufischer

Als unser Bootsführer auf halbem Weg zu einer anderen Insel im See war, zogen dunkle Wolken auf. Er meinte, dass wir die Fahrt abbrechen müssten, denn es würde gleich regnen, schade.
Und schon war es fast wieder dunkel. Die Wäsche, die ich zum Trocknen aufgehängt hatte, wurde nicht trocken. Erst hatte ich den Wäscheständer auf der Terrasse stehen, dann im Wohnbereich, aber nichts tat sich. Die Luftfeuchtigkeit muss wohl doch um einiges höher sein, als wir es fühlten. Da hatte Klaus die Idee, die Wäsche über Nacht in den Schlafbereich zu stellen. Dort lief vierundzwanzig Stunden am Tag der Ventilator. Mal sehen, ob das hilft.
Nach dem Abendbrot gingen wir noch einmal am Strand entlang und entdeckten wieder eine dieser großen Krabben. Auf dem Weg zum Anlegesteg befinden sich etliche große Löcher im Boden. Jeden Tag wird von den Hotelangestellten der Sand um die Löcher geglättet, doch schon bald ist der Sand am Rand der Löcher wieder aufgeschüttet. Wir sahen uns die Löcher mit Hilfe einer Taschenlampe genauer an und entdeckten hier und da eine Krabbe darin. Hier kamen sie also her. Solche Löcher gibt es aber auch in der Liegewiese, nur dort fallen sie nicht so auf.
Seit zwei Tagen ließ sich der Mond wieder sehen. Eine ganz schmale, zunehmende Sichel lag auf dem Rücken. Sie leuchtete stark im klaren Schwarz des Himmels.
Als Abendunterhaltung bot uns eine Gruppe junger Frauen und Männer ihre Stammestänze dar.

Um 7.30 Uhr standen wir auf, denn wir wollten tauchen fahren. Die Wellen waren heute besonders hoch. Gestern soll es noch schlimmer gewesen sein. Diesmal fuhren zwei englische Mädchen aus dem Mnarani-Hotel mit zum Tauchen. Die Sonne schien häufig. Zuerst tauchten wir am Barrakuda-Point. Dort sind weniger Korallen, aber die Wahrscheinlichkeit auf große Fische, wie den Napoleon, Barrakudas oder einen Walhai zu treffen, ist dort größer. Die Sicht war jedoch so schlecht geworden, kaum fünf Meter, dass man sich nur auf das unmittelbare Drumherum konzentrieren konnte. Es hatte zu lange geregnet und die ganze Brühe aus dem Landesinneren war inzwischen vor die Küste gespült worden. Trotzdem machten wir neue Entdeckungen. Eine ganze Menge Langnasendoktorfische erfreute unser Auge und ich hatte sogar das Glück, zwei Sepien zu begegnen. Wenn sich nicht ihr zarter Saum bewegt hätte, wären sie unsichtbar gewesen. Leider konnte ich nicht warten, bis sich Klaus einmal umdreht, um sie ihm zu zeigen. Die Sichtverhältnisse zwangen mich, den anderen hinterher zu tauchen. Ich freute mich jedenfalls über diese Begegnung.

Zurück an Bord bekam ich trotz zweier Pillen leichte Schwierigkeiten mit meinem Magen. Das durfte doch nicht wahr sein. Uwe empfahl mir, mich auf die Bordwand zu setzen. Dort hätte ich genug frische Luft und könnte die Küste als Fixpunkt ansehen. Ich folgte dem Rat und es ging etwas besser. Da eine der beiden Engländerinnen ebenfalls Schwierigkeiten hatte, hielten wir die Oberflächenpause kurz. Dabei fuhren wir in augenscheinlich saubereres Wasser. Die Dreckbrühe hatte schon teilweise das Außenriff erreicht. Manche Stellen waren oberflächlich noch sauber, aber unter Wasser konnten wir kaum etwas sehen. Wir hatten zu tun, alle zusammenzubleiben, das oberste Gebot bei Strömungstauchgängen. Außer ein paar Langusten konnten wir dann auch nichts weiter entdecken.

Als wir auftauchten, war das Boot weg. In den hohen Wellen war es gar nicht mehr auszumachen. Die Mannschaft ihrerseits hatte uns jedoch schon gesehen, außerdem hatte Klaus seine Signalboje mit und so sammelten sie uns wieder auf.

Pünktlich zum Mittag waren wir im Sea Horse zurück und gönnten uns eine Pause. Um 15 Uhr hatten wir eine weitere Verabredung mit Daniel. Er wollte uns zeigen, wo er wohnt. Es war ein gutes Stück Weg, vorbei an verschiedenen Hütten und den Häusern der Ausländer, bis wir den Creek wieder sehen konnten. Auf einem Plateau, genau am Abhang, wohnt Daniel mit seiner großen Familie. Eine Frau hatte er nicht, eine Hochzeit ist einfach zu teuer. Die Lebensbedingungen sind ärmlichst, die Lage des Grundstücks ist dafür Superklasse.

Daniel zeigte uns die Küchenhütte mit der offenen Feuerstelle, darüber ein Boden zum Räuchern des Maises. Auf einem Platz vor der Hütte stehen die Behälter, in denen der Mais zerstoßen wird. Die weiteren Hütten sind wohl Wohnhütten. Daniel stellte uns seinem Vater und der restlichen Familie vor, dann zeigte er uns seine gerade neu gebaute Hütte. Das Grundgerüst der Wände und des Daches wird aus Sisalstangen hergestellt. Die Zwischenräume in den Wänden werden mit einem Sand-Wasser-Gemisch ausgefüllt, das Dach mit Palmmatten gedeckt. Zwischen den Wänden und dem Dach ist ein großer Spalt für Licht und Luft.

Daniel hat seine Hütte in vier Räume geteilt. Das hinterste Zimmer ist das Schlafzimmer mit einem großen Doppelbett, Nachttisch, Lampe und Radio. Die anderen Zimmer waren noch leer. Daniel mag wohl Mitte Dreißig sein und bewohnte bisher eine Hütte mit anderen Verwandten. Erst jetzt hatte er das Geld zusammen, um sich eine eigene Hütte bauen zu können. Entgegen den Massai-Hütten in der Savanne hält solch eine Hütte, wie sie allgemein gebaut wird, ein Leben lang.

Das Grundstück seiner Familie bietet noch viel Platz für weitere Hütten. Diese Familie hat das Glück, einen eigenen Wasserhahn zu haben, die meisten anderen müssen das Wasser von weiter her holen. Dabei tragen die Frauen Zehn-Liter-Kanister auf dem Kopf. Sogar einen eigenen Fußballplatz besitzt Daniels Familie.

Nach diesem Rundgang lud uns Daniel ein, eine Weile Platz zu nehmen und die traumhafte Aussicht zu genießen. Die Kinder hatten sich neugierig versammelt und unterhielten sich über uns. Da wir vergessen hatten, rechtzeitig Bonbons zu besorgen und wir heute keine mehr bekommen hatten, fragten wir, ob Geld für Bonbons auch okay wäre. So verteilte Klaus ein paar Schilling unter den Kindern und haste nicht gesehen, waren sie auf dem Weg zum nächsten Kiosk.

in Daniels Dorf   Daniels Familie

Aussicht auf den Creek   das Haus eines Österreichers

Jetzt zeigte Daniel uns noch die Häuser seiner unmittelbaren Nachbarn. Das erste Haus gehört einem Italiener, doch seit acht Jahren hatte sich niemand mehr dort sehen lassen. So, wie es verlassen wurde, steht es heute noch, inklusive Auto und Einrichtung. In einer der beiden offenen Veranden steht ein Bücherregal. Klaus angelte sich eines der Bücher heraus. Nach all den Jahren, die es der Witterung ausgesetzt war, sah es noch wie neu aus. Wir konnten es nicht glauben.
Daniels Brüder kümmern sich um das Haus, wenn niemand da ist, aber leider gibt es für diese Leistung auch kein Geld mehr.
Dahinter steht ein architektonisch etwas anderes Haus. Kreisrund, die Außenwände der oberen Etage neigen sich nach außen. Gedeckt ist es landestypisch mit Palmmatten. Dieses Haus gehört einem Österreicher, der immer im Januar kommt und ein paar Monate bleibt. Auch um dieses Haus kümmern sich die Brüder von Daniel. So haben sie eine kleine Einnahmequelle.

Eineinhalb Stunden dauerte der interessante Spaziergang mit einem kleinen Einblick in das Privatleben der Kenianer. Wir bedankten uns ein weiteres Mal mit einem Obolus, der dankbar angenommen wurde. So hatten wir einen sehr netten Menschen ein klein wenig näher kennengelernt.
Danach machten wir es uns am Pool gemütlich, obwohl sich die Sonne selten sehen ließ. Als Abendunterhaltung stand eine Magic-Show auf dem Programm. Zwei junge Männer in tollen, irre bunten Kostümen, zeigten ihre Kunststücke, die aus Akrobatik, Komik und Zauberei bestanden. In atemberaubendem Tempo unterhielten sie ihre Gäste, die auch immer wieder in ihre Nummern mit einbezogen wurden. In der Artistik haben die Kenianer etwas drauf, das mussten wir neidlos anerkennen. Schade, dass ich meinen Fotoapparat nicht dabei hatte.
Auf dem Heimweg zum Bungalow trafen wir einmal mehr auf Frösche und Krabben. Diesmal traute ich mich, mit den großen Scheren der Krabben zu spielen. So anfassen mag ich die Krabben nicht.

Für diesen Tag hatten wir eine Dhaufahrt gebucht. Als wir gestern vom Tauchen zurückkehrten, sprach uns einer der Dhaufahrer in Mnarani an. Er stellte sich als Max vor und fragte, ob wir nicht an einer Fahrt mit der Dhau zur Copacabana Interesse hätten. Er hätte schon deutsche Fahrgäste, möchte aber gern das Boot voll haben. Da wir uns sowieso die Dhaufahrt vorgenommen hatten, sagten wir zu. Eigentlich sollte diese Fahrt ein schöner Abschluss unseres Urlaubs sein, aber was sollte es. Zwar war Max´ Angebot teurer als bei unseren Strandverkäufern, aber Uwe meinte, dass Essen wäre bei Max ausgezeichnet, es wird an Bord musiziert und er ist als einziger versichert, wenn etwas passieren sollte. Da konnten wir einfach nicht mehr anders.
Wenigstens konnte ich dadurch etwas länger schlafen. Um 10 Uhr fanden wir uns an der Schranke des Sea Horse ein, wo schon jemand mit einem Dreiradtaxi wartete, um uns für die Dhaufahrt abzuholen. Zuerst ging die Fahrt nach Kilifi zum Haus von Käpt´n Issa. Dort gab der Fahrer Bescheid, dass es losgehen kann. Dann gingen wir auf einem abenteuerlichen Weg hinunter zur ehemaligen Fähre, wo wir auf Käpt´n Issas Dhau, namens „Anastasia" warteten. Inzwischen kam stückchenweise die Verpflegung an, mit einem Teil der Besatzung, als die Dhau schon um die Ecke kam. Wir stiegen ein und die Verpflegung wurde verstaut, dann legte das Boot ab. Sofort wurde das Segel gesetzt. Während das Manöver für uns ein beeindruckendes Schauspiel war, bedeutete es schwere Arbeit für die Besatzung. Lautlos glitt das Boot nun den Creek entlang Richtung Mnarani Beach. Da der Wind nicht günstig stand, musste das Segel gewendet werden. Dazu ist es notwendig, alle Leinen loszumachen und die ganze Rah mit dem Segel um den Mast herum zu hieven, um dann das Segel erneut auszurollen und festzumachen. Klaus und ich sollten dabei auf die andere Seite des Bootes wechseln, von wegen der Gewichtsverteilung.
Am Strand angekommen, holen die Männer das Segel ein und wir stiegen aus, um unsere dort deponierte Schnorchelausrüstung zu holen. Dann stiegen wir wieder ins Boot, wo wir uns die schönsten Plätze suchten. Jetzt gesellten sich die anderen Mitreisenden, sieben Deutsche, die einen etwas wilden Eindruck machten, dazu. Sie

erzählten, dass sie schon seit einem Jahr in Afrika unterwegs sind, und zwar mit dem Motorrad. Sie waren im Januar in Marokko gestartet, fuhren die Westküste bis nach Südafrika entlang und sind jetzt die Ostküste hinauf nach Ägypten unterwegs, wo sie zu Weihnachten ankommen wollen. Alles, was sie brauchen, besorgen sie sich für ein paar Pfennige unterwegs. Auf unserem Stadtbummel durch Kilifi erfuhren wir, dass man sich eine Hose maßschneidern lassen kann, für ganze 3,50 Euro. Das meiste Geld haben die Visa verschlungen.

Ja, dass wäre auch eine Reise für uns. Einfach mal eine Auszeit nehmen und ohne Zeitdruck unterwegs sein.

die Ausflugs-Dhau kommt

Arbeit am Segel

zum Feiertag treffen sich alle am Strand

Als letztes kam die Kühlbox an Bord und dann konnte es losgehen. Segel setzen und auf geht´s zur Copacabana. Die Besatzung spielte und sang zur Einstimmung das Lied, was man jetzt in Kenia überall und immer hört: Jambo, Jambo Bwana, Habari gani, Mzuri sana ... Hakuna Matata, Karibu in Kenya. Es ist wirklich ein Ohrwurm. Das heißt übersetzt: Hallo, Hallo Mister, wie geht es ihnen, mir geht es gut ... alles kein Problem, Willkommen in Kenia. Suaheli ist eine relativ einfach zu lernende Sprache.

Musiziert wurde mit einem Stock auf die Planken stoßend, eine Trommel spielend, eine Muschel blasend und auf ein Blech schlagend. Max tanzte dazu. Das hörte sich hervorragend an und heizte die Stimmung an Bord an. Die Langusten lagen schon auf dem Grill.

Besatzung der "Anastasia"

Ausfahrt aus dem Creek

Langusten auf dem Grill

Als das Lied zu Ende war, hörten wir nur noch die Wellen, durch die das Boot glitt. Wir fuhren immer entlang der Küste Richtung Norden. Hier und da hatten sich die Ausländer mit ihren Häusern breitgemacht, meist da, wo es einen kleinen Strand gibt. Weiter draußen brachen sich die Wellen an den Riffen.
Die Fahrt dauerte eine ganze Weile, bis die Dhau auf einen langen weißen Strand zusteuerte. Wieder wurde das Segel eingeholt und wir gingen von Bord. Das Wasser direkt am Strand ist sehr dreckig, voller Algen und aufgewühltem Sand. Das war ärgerlich. Die Sonne schien auch gerade nicht.
Es war Ebbe und die hatte einen Großteil des Strandes freigegeben. Am hinteren Ende des Strandes, da wo die Küste beginnt, hat das Wasser eine größere Höhle hinterlassen. Die spendet im Falle des Bedarfs Schatten.
Nachdem wir uns das angesehen hatten, gingen wir baden. Dafür suchten wir uns gerade die falsche Stelle aus, denn überall stolperten wir über Korallenblöcke, die man im trüben Wasser nicht sieht und die nicht gesund für unsere Füße waren. Schwimmen war dadurch auch nicht möglich. So entstiegen wir dem Wasser wieder und setzten uns an die Höhle, wo wir uns mit den anderen Deutschen unterhielten. Sie luden uns zu Gin-Tonic ein. Den Gin hatten sie beigesteuert, Tonic fand sich in der Verpflegung. So verging die Zeit bis Mittag.

Die Dhau-Besatzung breitete nun in der Höhle eine Plane und das vorbereitete, mitgebrachte Essen aus: gegrillte Langusten, gegrillter Marlin, dazu Kokosreis, Gurken, Tomaten und Zwiebel. Gegessen wurde mit den Fingern, wie in Afrika üblich. Geschmeckt hat es klasse, nur die Langusten waren sehr trocken. Wir empfahlen Max, die Langusten das nächste Mal nur ganz kurz auf den Grill zu legen, damit sie schön saftig bleiben. Bananen und Mangos bildeten den Nachtisch. Die Portionen waren reichlich.

Kilifis Küste

Dhau an der Copacabana

Entspannung

traumhaftes Plätzchen

weißer Sand

prima Essen

Inzwischen war der Wasserspiegel weiter gefallen und man konnte sehen, dass der Grund auf der anderen Seite des Bootes zum Baden besser war. Also steuerten wir diesmal dorthin, um unsere Hände zu waschen und ein ausführliches Bad zu nehmen. Die Sonne schien auch wieder. Der weiße Sand gleißte in unseren Augen. Unser Glück war vollkommen.

Langsam rüsteten wir zur Rückfahrt, machten noch ein paar Fotos und stiegen in die Dhau. Die fuhr uns jetzt zum nächsten Highlight, zum Schnorcheln. Käpt'n Issa ließ dort ankern, wo das Wasser flach und klar war. Wir legten die ABC-Ausrüstung an und sprangen ins Wasser. Für uns als Taucher war es ganz schön, sich die Korallen und Fische auch mal aus dieser Perspektive anzusehen. Leider fanden die anderen sieben Leute keinen Gefallen daran und wir mussten bald abbrechen. Langsam fuhr das Boot wieder zurück, mit dem Wind im Segel und den Wellen vorm Bug.

Heute war Feiertag und die Menschen aus Kilifi hatten sich fast alle am Strand versammelt. Es war kaum noch ein freies Fleckchen zu finden. Während wir mit Musik in den Creek einliefen, gab es auf beiden Seiten ein vielstimmiges Hallo. Das war ja eine super Begrüßung.

Am Mnarani Beach angekommen, stiegen unsere Mitreisenden ab und wir segelten anschließend zum Sea Horse weiter. Das war dann doch noch ein schöner Tag und wir hatten wieder etwas Neues gesehen und erlebt. Max und seine Mannschaft nahmen unseren Dank entgegen, dann verabschiedeten wir uns.

zurück zum Sea Horse

Strand vor dem Sea Horse

Natürlich blieb es nicht aus, das wir auch auf dieser Fahrt Kleinigkeiten wie Ketten oder Armbänder kaufen sollten. Unser Bedarf war jedoch schon im Massai-Dorf gedeckt worden. Ich sagte Max, dass ich noch etwas für meinen Vater suche. Der wünschte sich einen Elefanten aus Holz für seinen Garten. Max legte sich ins Zeug und wollte uns Elefanten besorgen. So machten wir einen Termin aus, zu dem wir uns am Hoteleingang treffen wollten. Bis zum Abendbrot gönnten wir uns ein bisschen Ruhe. Die tollen Artisten bestritten wieder den Abend, die uns schon vor ein paar Tagen verzaubert hatten. Die Jungs sind so gut, dass man sich das auch gut ein zweites Mal ansehen kann.

Heute stand ein Ausflug in den Norden, nach Malindi und Watamu, auf dem Programm. Es sollte eigentlich um 8.30 Uhr losgehen, entsprechend früh standen wir auf. Nach dem Frühstück warteten wir auf den Bus, der nicht kam. Jemand fragte nach, was los sei und kam mit der Antwort wieder: Der Bus kommt spät, aber er kommt. Leider ist es dann meist so, dass ein Programmpunkt ausfällt, wenn der Bus zu spät kommt. Das hatten wir inzwischen gehört.

Blick aus dem Restaurant des Sea Horse

Mit einer Stunde Verspätung kam er dann endlich. Langsam hatten wir den Verdacht, dass bei der Terminplanung bei uns im Hotel immer der Abfahrttermin in Mombasa oder Watamu angegeben wird, und somit dann die Verspätungen vorprogrammiert sind. Denn der Busfahrer meinte, dass er pünktlich in Mombasa losgefahren ist und somit erst jetzt da sein konnte. Na, wir waren froh, dass es nur eine Stunde war und es endlich losgehen konnte.

Über eine Stunde schnelle Fahrt und wir trafen in Malindi ein. Die Straße auf diesem Abschnitt ist etwas besser als die nach Mombasa, weil sie nicht so viel befahren ist. Malindi ist der größte Fischerort in Kenia und wir besuchten dort zuerst die Krokodil- und Schlangenfarm. Im Rahmen einer Führung zeigte man uns zuerst verschiedene, in Kenia heimische Schlangen. Von der ungefährlichen Hausschlange bis zu den giftigen Speikobras sind einige Arten zu sehen.

Als nächstes kamen wir zu den Schildkröten. Neben einer Menge kleinerer Schildkröten lebt dort auch eine Elefantenschildkröte von den Seychellen. Ich glaube, sie hieß Maria und war achtzig Jahre alt. Diese Schildkröten können über zweihundert Jahre alt werden. Wir durften alle Tiere anfassen und streicheln. Die Haut der Schildkröten fühlt sich eigenartig ledern und warm an. Das fand ich super, denn ich hatte noch nie so eine nahe Begegnung mit diesen Tieren.

Auf dem weiteren Weg zu den Krokodilen machte uns unser Führer mit dem „Keniaexpress" bekannt. Es sind diese Tausendfüßler, die man überall findet. Er erklärte uns, dass die Tiere ungefährlich sind, sowie den Unterschied zwischen Männchen und Weibchen. Die Männchen haben eine glänzende Oberfläche, die Weibchen eine stumpfere. Aha, jetzt wussten wir Bescheid.

Vorbei an weiteren Tieren kamen wir zu den Krokodilen. Es sind alles Nilkrokodile, sogar Albinos waren dabei. Nilkrokodile können bis zu sechs Meter lang werden und es ist die einzige Krokodilart in Kenia.

Die Aufgabe dieser Farm ist es, die Tiere zu züchten, um sie später auszuwildern. So sind die meisten Exemplare noch recht klein. Mit etwa vier Jahren werden sie in die Flüsse Kenias entlassen. Damit soll der Bestand wieder gesichert werden.

kleine Landschildkröte   Keniaexpress (Tausendfüßler)

Python   Afrikanische Weichschildkröte

Agame   Nilkrokodile

Der zweite Ausflugspunkt war ein kleiner Friedhof mit der Vasco-da-Gama-Kirche aus der ersten Hälfte des 16. Jahrhunderts, an der Küste von Malindi. Dort landeten der

Entdecker und seine Mannschaft 1498 das erste Mal auf kenianischem Boden. Zwei Männer seiner Mannschaft starben hier an Malaria, die auf diesem Friedhof begraben wurden. Wir wandelten also auf alten Entdeckerspuren. Dabei erfuhren wir, dass die Afrikaner ihre Toten begraben und einen Baum darauf pflanzen.

Das Vasco-da-Gama-Denkmal konnten wir nur aus der Ferne auf einer kleinen Halbinsel stehen sehen.

Vasco da Gama brachte die christliche Religion in diese Gegend, wo es vorher keinerlei Religion gab. Später landeten die Araber hier und brachten den Islam. Heute sind in Malindi die meisten Menschen Moslems. Es gibt fast mehr Moscheen als andere Häuser. In den anderen Städten Kenias ist der Anteil an Christen wesentlich höher.

Malindi ist mit vierhunderttausend Einwohnern die drittgrößte Stadt Kenias und kaum sehenswert, zu viel Traditionelles hat der Tourismus zerstört. Allein in dieser Stadt stehen fünfundzwanzig Hotels, zumeist von Italienern bewohnt. Trotzdem war und ist Malindi ein Fischerdorf. Von hier und dem nahegelegenen Watamu kommt fast der gesamte Fisch, der in Kenia verspeist wird. Der Fisch hat die Menschen wohlhabend gemacht, das kann man sehen.

Vasco-Da-Gama-Denkmal auf der Mole   Malindi ist ein Fischerort

Jetzt besuchten wir den Vogelpark, eine Falknerei. Wiederum im Rahmen einer Führung stellte man uns Falken, Sperber, Adler, Enten, Käuze und Affen vor, die man auch halten oder anfassen darf.

Vorführung eines Jagdfalken

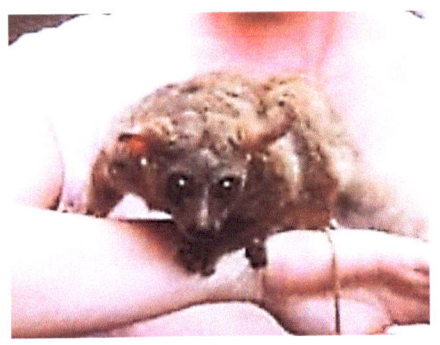
Buschbaby oder Galago

Kauz

Die meisten der Tiere sind Jungtiere, denn hier werden sie aufgezogen, weil sie vielleicht ihre Eltern verloren haben oder krank sind. Die Falknerei bildet nicht nur die Tiere aus, sondern ist auch ein Krankenhaus. So leistet sie einen wesentlichen Beitrag zum Erhalt der Tierarten.

Zum Abschluss dieses interessanten Rundgangs zeigte uns einer der Adler seine Flugkünste. Er war noch recht jung und hörte nicht immer auf das, was sein Trainer ihm sagte, was die Besucher amüsierte.

Zuletzt besuchten wir eine Schnitzerei mit angeschlossener Verkaufshalle. Die Halle ist riesig und man kann vor Holz- und Specksteinfiguren aller Größen kaum laufen. Die Preise sind mehr als gepfeffert.

Während sich die anderen dort drinnen umschauten, zog es uns nach draußen in die Werkstatt. Hier kann man hautnah die Entstehung solcher Holzfiguren verfolgen. Es ist Schwerstarbeit, das harte Holz in eine schöne Form zu bringen. Jeder Schnitzer hat sich auf bestimmte Figuren spezialisiert. Anschließend bemalen andere Handwerker die Kunstwerke.

Schnitzerei in Malindi

Auf einer Tafel sind für interessierte Zuschauer sechs verschiedene Holzarten ausgestellt. Da sind Mangoholz, Neemholz, Teakholz, Mahagoni, Ebenholz und noch etwas, womit ich nichts anzufangen wusste. Eines lernte ich dadurch: Mahagoniholz ist nicht rot, wie ich es immer annahm. Mahagoniholz ist genauso hell wie jedes andere Holz, mit teilweise dunkleren Stellen drin. Die typische Farbe bekommt das Holz erst vom Beizen. Das Ebenholz dagegen ist schwarz mit einer gelblich-weißen Außenschicht. Bei den meisten Ebenholzschnitzereien ist der weiße Teil entfernt worden, nur in ausgesuchten Stücken wird der helle Rand dekorativ mitverarbeitet. Wir lernten immer wieder Neues auf den Ausflügen.

Zwischen all den vielen verschiedenen Figuren fiel mir ein stehendes Schild besonders auf, das ich gern für zu Hause gehabt hätte. Nur leider bringt es mir dort nichts, weil es keiner versteht. Darauf stand: POLE POLE HAKUNA MATATA. Das heißt: Langsam Langsam, alles kein Problem. Hätten wir ein Haus in Kenia, hätte es jetzt den Eingang geschmückt.

Es war Mittagszeit und wir fuhren ein Stück zurück nach Watamu, wo wir im Hotel „Watamu-Beach" der African-Safari-Gruppe unser Mittagessen bekamen. Das Hotel liegt direkt an einer großen Lagune, die durch große Felsen vom Meer getrennt ist. Schmale Lücken ermöglichen den Zugang zum Meer. Der Strand ist strahlend weiß und offensichtlich nicht ständig vollkommen von der Flut überspült. Auch hier wohnen die Leute in Bungalows, die aber nicht so dekorativ und auch für mehrere Parteien gebaut sind. Die Anlage kann sich nicht mit dem Sea Horse vergleichen. Wir stellten fest, dass wir es in Kilifi doch am allerbesten getroffen hatten.

Lagune von Watamu

Das Mittagessen war alles andere als entspannend. Viel zu viele Leute waren unterwegs, die ständig hin- und herliefen, um sich am Büffet zu bedienen. Da geht es bei uns doch wesentlich familiärer und ruhiger zu.

Das letzte Ausflugsziel für diesen Tag waren die Gedi-Ruinen, Kenias berühmteste Ruinenstätte unter prächtigen Baobab-Bäumen. Diese Stadt wurde von den Arabern gegründet und später zu einem Stützpunkt für Sklavenhandel ausgebaut. Niemand weiß, wann sie gebaut wurde. Nur eine Jahreszahl findet sich an einem der Gräber: 1399 n. Chr.

Die Stadt, deren Gebäude aus Korallenstein bestand, ist noch gut erhalten. So findet man heute noch verschiedene Säulengräber, zwei große Brunnen, die große Moschee, den Palast des Sultans von Oman, viele Wohnhäuser und immer wieder Löcher in der Erde, durch die sich die Zisternen mit Wasser füllen konnten. Zweitausendfünfhundert Menschen sollen hier gewohnt haben. Die Unterkünfte, in denen die Sklaven zusammengepfercht auf ihren Abtransport warten mussten, sind auch noch zu sehen. Mit den Sklaven ging man nicht zimperlich um. Anfangs nahm man nur die jungen, gesunden Männer von achtzehn bis fünfundzwanzig Jahren, die man ihren Stämmen entriss. Später, als der Bedarf immer größer wurde, entkam kaum jemand den Sklavenjägern.

Die Mauern von Gedi müssen Schreckliches gesehen haben, bis die Stadt Mitte des 17. Jahrhunderts unterging. Die Sklaverei wurde erst vor hundertfünfzig Jahren von den Engländern abgeschafft, die Kenia zu ihrer Kolonie machten.

Pylongrab in den Gedi-Ruinen

Brunnen vor der Moschee

Innenraum der Moschee

Palast des Sultans

Die Kenianer sind bis heute nicht gut auf die Araber zusprechen. Fast jede Familie hat Mitglieder an die Sklaverei verloren.

In einem kleinen Museum sind Ausgrabungsstücke aus Gedi ausgestellt, vom Gebrauchsgegenstand bis zur wuchtigen Silberkette. Die meisten Stücke sind jedoch in einem Museum in Mombasa untergebracht.

Unser Reiseleiter an diesem Tag, selbst Afrikaner eines großen hiesigen Stammes, erzählte uns, dass die Nachfahren der Araber und Afrikaner heute die Suahelis sind, die aus der Vermischung beider Rassen hervorgingen. Sie sind an ihrer helleren Haut zu erkennen. Die meisten Menschen entlang der ostafrikanischen Küste sind Suahelis.
Das war doch schon wieder interessant. Bis jetzt gab es für mich nur Afrikaner, etwas mehr oder etwas weniger schwarz, von den Nordafrikanern mal abgesehen. Die stellen eine eigene Rasse dar.
Zwischen den Ruinen von Gedi wachsen verschiedene Baumarten wie Akazien, Ebenholzbäume und vor allem die riesigen Baobabs.
Uwe, unser Tauchguide, hatte uns auf einer der Tauchfahrten mit einer Geschichte zu den Baobabs bekannt gemacht, die sich die Einheimischen hier erzählen:
Vor langer, langer Zeit hatten die Baobabs die Herrschaft auf der Erde an sich gerissen. Sie feierten ständig ausschweifende Partys, tanzten wild in der Gegend umher und nahmen keine Rücksicht auf die kleinen Tiere. Die Stachelschweine, Kaninchen und anderen Tiere hatten Mühe, den gewaltigen Bäumen rechtzeitig aus dem Weg zu gehen. Als es ihnen zu bunt wurde, gingen sie zum lieben Gott und erzählten von ihrem Leid. Der forderte die Baobabs zu mehr Rücksicht auf. Die ließen sich aber nichts erzählen und feierten weiter ihre Partys. Dann wurde es auch dem lieben Gott zu bunt. Der nahm sich die Bäume, einen nach dem anderen, und steckte sie kopfüber in den Erdboden.
Das erklärt, warum die Baobabs mit den Wurzeln nach oben in der Landschaft herumstehen. Nach so langer Zeit haben es inzwischen ein paar wenige Baobabs geschafft, hier und da ein paar Blätter an den Wurzeln auszubilden.
Naja, so ernst soll man das nicht nehmen. Tatsächlich haben die meisten Baobabs keine Blätter, andere haben nur ein paar wenige grüne Zweige, der Rest ist kahl. Das erweckt den Eindruck, als würde jeder Baum für sich entscheiden, wie grün er sein möchte. Des Rätsels Lösung ist das Wasser. Je nachdem, wie und wo der Baum an Wasser kommt, werden manche Zweige grün, seltenst alle, meistens gar keiner.
Nach diesem Besuch fuhren wir zurück nach Kilifi und gingen zuerst einmal baden. In den Ruinen von Gedi war es echt warm und eine Abkühlung kam jetzt gerade recht.
Später liehen wir uns zwei Einer-Kanus aus und paddelten damit etwas die Küste des Sees entlang, um das auch probiert zu haben.

Daniels Dorf vom Creek aus

Ausflug per Kanu

Die Steuerung eines Zweier-Kanus war wohl etwas schwierig, das beobachteten wir bei verschiedenen Leuten. So nahm sich jeder von uns ein kleines Kanu.
Nach leichten anfänglichen Schwierigkeiten funktionierte die Sache doch recht gut, bis auf die Tatsache, dass wir ein weiteres Mal nicht mit dem Wind gerechnet hatten. Auf dem Hinweg war es ganz angenehm, da brauchten wir kaum zu paddeln, aber der Rückweg gestaltete sich mit dem Gegenwind ziemlich kraftraubend.
Zum Abendprogramm trat heute noch einmal eine Folkloregruppe auf. Diesmal war ich dran, mitzutanzen. Immer schön die Hüften schwingen. Das war auf die Dauer ganz schön anstrengend.

Heute früh ging es wieder zum Tauchen. Wir hatten relativ ruhige See und das Wasser sah auch wieder besser aus. Unter Wasser war die Sicht aber immer noch nicht berauschend. Ausnahmsweise hatten wir keine Strömung und wir konnten uns in aller Ruhe umsehen. Wir beobachteten einen Blaupunktrochen, eine Netzmuräne, eine Kettenmuräne, Drückerfische, Feilenfische und jede Menge andere Korallenfische. Klaus entdeckte einen seltenen Krokodilfisch und machte mich an einem kleinen Abhang auf eine Schildkröte aufmerksam. Hier und da entdeckten wir einen Drachenkopf. Um die zu sehen, muss man schon sehr genau hinsehen. Es war ein entspannter Tauchgang.
Zur Oberflächenpause sichteten wir kurz einen Walhai. Leider war er so schnell verschwunden, dass wir nicht mit ihm schwimmen konnten. Diesmal hatte ich meine Ausrüstung griffbereit, doch es sollte nicht sein.
Der zweite Tauchgang war nicht gerade aufregend. Das trübe Wasser verbarg vieles vor unseren Augen.
Nach dem Mittag relaxten wir am Strand beim Tagebuch bzw. Logbuch schreiben und lesen.
Um 18 Uhr hatten wir eine Verabredung mit Max, dem 1. Offizier der Dhau „Anastasia", mit der wir vor ein paar Tagen zur Copacabana gefahren sind. Er wollte uns die zwei Elefanten zur Auswahl zeigen, die er inzwischen besorgt hatte. Ich wollte Elefanten aus Ebenholz in einer bestimmten Größe haben. Als Max sie auspackte, traf mich erst einmal der Schlag: gescheckte Elefanten? Dann sah ich sie mir genauer an und fand, dass sie etwas ganz besonderes waren. In ihnen war ein weißer Anteil des Holzes mitverarbeitet. So etwas bekommt man nicht im Laden, die waren extra für mich besorgt. Man sah auf den ersten Blick, dass die Elefanten aus Ebenholz gearbeitet sind. Max erklärte uns auch, woran man außerdem erkennt, dass das Ebenholz ist, denn er hatte weitere Elefanten mit. Die waren jedoch vom Gewicht her einiges leichter.
Ich bedankte mich vielmals bei Max und gab ihm sein Geld. Bevor wir uns trennten, fragte er, ob wir nicht ein paar Sachen übrig hätten, die wir nicht wieder zurück nach Hause nehmen wollten. Er würde sie in seiner Familie verteilen. Egal was, ob Klamotten, Hautcreme, Schuhe, Sonnenbrillen usw. Wir sagten, dass wir ihm etwas zusammenpacken würden. Das könnte er sich dann am letzten Abend abholen. Meine Sonnenbrille hatte ich ja sowieso schon Käpt´n Issa versprochen. Er fand sich echt cool damit.

Eine Bitte hatten wir dann doch noch an Max. Wir fragten, ob er uns echten und guten kenianischen Kaffee und Tee besorgen könnte. Er sagte, dass das kein Problem wäre, nur diesmal sollten wir ihm das Geld im Voraus geben. Er könnte nicht immer in Vorleistung gehen. Schon 5,- Euro sind sehr viel Geld für ihn.

Für die Elefanten wollte er auch schon das Geld im Voraus haben, doch wir fanden diese Idee nicht so gut. Da wir Max inzwischen als einen ehrlichen und zuverlässigen Menschen kennen gelernt haben, gaben wir ihm diesmal das Geld. Er wird mit dem Kaffee und dem Tee auch den Kassenzettel bringen, so dass wir den Betrag kontrollieren können.

Den Sonnenuntergang hatten wir durch diesen Termin wieder verpasst. Bisher hatten wir nur selten das Vergnügen, einen schönen Sonnenuntergang zu sehen. Heute Abend wollten wir uns die Zeit nehmen, aber die Sonne ging später unter, als ich dachte.

Zur Abendunterhaltung war heute Disko angesagt. Da dies nichts für uns ist, besorgte Klaus eine kleine Flasche kenianischen Whisky. Damit setzten wir uns auf eine Bank am Wasser und lauschten der Musik. Zwischendurch war auch immer wieder kenianische Musik zu hören, wobei der Ohrwurm „Jambo, Jambo Bwana..." nicht fehlen durfte. Dieses Lied kann ich immer wieder hören, es ist einfach ein Ohrwurm. Weniger toll dagegen war der Whisky, der sich nur mit Cola gemischt trinken ließ.

Draußen auf dem Wasser gingen Fischer ihrer Arbeit nach. Der Mond, so gut wie halbvoll, leuchtete ihnen.

Es war das zweite Mal in vierzehn Tagen, dass wir ausschlafen konnten, will heißen, um 8.15 Uhr war Aufstehen. Wenn man früh ins Bett geht, muss man auch früher aufstehen, dass legt in diesen Breiten die Sonne fest.

Die ganze Nacht hatte es geregnet und wir bereiteten uns schon wieder auf schlechte Wasserbedingungen vor, obwohl wir so gehofft hatten, dass wir an unserem letzten Tauchtag morgen solche Sichtweiten hätten, wie am ersten Tag. Bis jetzt war diese Hoffnung auch berechtigt.

Wir frühstückten ganz gemütlich, anschließend spazierten wir ein Stück auf der rechten Seite unseres Strandes entlang. Es waren noch keine Strandhändler da. Diese Gelegenheit mussten wir nutzen.

Unser Strand war bald zu Ende, doch wir waren neugierig, wie es dahinter aussieht. Von der jetzigen Position aus konnten wir das nicht so genau sehen. So mussten wir zuerst über versteinerte Austernbänke balancieren, bis wir wieder Sand erreichten. Mangroven haben sich dort angesiedelt, eine Steilwand begrenzt das schmale Ufer. Nun liefen wir auf einem Strand mit Piksern, denn überall schauen die kleinen Luftwurzelspitzen der Mangroven aus dem Sand. Das sieht lustig aus. Irgendwo lag ein ziemlich großer, toter Igelfisch, der angeschwemmt worden war.

So erreichten wir den nächsten Strand, an dem ein Haus im Grünen steht. Das gehört wahrscheinlich dem Engländer, dessen Segelboot vor der Bucht liegt. Die Besatzung ist derweil für fünf Monate in Schweden, um sich dort beim Schiffe putzen Geld zu verdienen. Der Strand ist dreckig, da hat schon lange keiner mehr aufgeräumt.

Weiter kamen wir nicht mehr. Die Flut setzte wieder ein und wir mussten jetzt schon durch das Wasser gehen. Deshalb gingen wir zurück. Inzwischen waren die ersten Händler da, die uns auch gleich in Beschlag nahmen. Wir sollten nur gucken, denn gucken macht die Augen schön, sagte man uns. Naja, wir wollten sowieso noch etwas von ihnen kaufen. Sie verdienen sich den Lebensunterhalt damit und sitzen Tag für Tag dort und warten auf Kundschaft. Jeder, der sich am Strand sehen lässt, landet in ihren Fängen.

Nachdem wir uns umgesehen hatten, kaufte Klaus ein aus Holz geschnitztes Massai-Pärchen für seine Mutter und ich eine bemalte Specksteinschale für meine Mutter. Wie wir so beim Kaufen waren, kam der nächste Händler. Auch bei ihm sollten wir uns umsehen. Wir sagten, dass wir in zwei Tagen abreisen und jetzt kein Geld mehr haben. Hakuna Matata, alles kein Problem, dann zahlen wir eben mit Schuhen, T-Shirt oder Hosen. Na gut, dann versprachen wir, am nächsten Nachmittag wieder zu kommen. Klaus´ und meine Sandalen hatten schon neue Eigentümer, auch meine Uhr war versprochen. Die Geschäfte werden aber erst am nächsten Nachmittag abgeschlossen, solange müssten sich die Händler noch gedulden.

Um 12 Uhr gingen wir zum vorgezogenen Mittagessen, denn noch einmal hatten wir die „Bamburi-Tour" gebucht und hofften, dass es diesmal klappt. Eilig wurden die Platten mit den Salaten, später auch die warmen Gerichte gebracht, da die Küche den Termin verschlafen hatte. Diesmal sollten wir nicht allein auf dieser Fahrt sein, denn es gesellten sich noch fünf weitere Leute dazu. Wir mussten uns also mit dem Essen beeilen, der Bus fuhr dann auch ziemlich pünktlich los.

Zuerst ging die Fahrt Richtung Mombasa, langsam kannten wir die Strecke aus dem FF. Vor allem die großen Sisalfelder und die Baobabs zogen immer wieder unsere Blicke auf sich.

Der Regen hatte in den letzten Tagen frisches Grün sprießen lassen. Das fiel direkt auf. Nach einer Stunde kamen wir in Bamburi an. Direkt am Bamburi-Zementwerk liegt der Haller-Park, ein renaturierter Tagebau. Hier wurde bis vor dreiunddreißig Jahren großflächig Korallenstein abgebaut. Der Schweizer René Haller nahm sich dieses Tagesbaues an und wollte ihn zurück in ein Naturparadies verwandeln. Dafür sammelte er auf der ganzen Welt Pflanzen und siedelte sie dort an. Innerhalb kürzester Zeit waren die meisten Pflanzen eingegangen, das Experiment missglückt. Haller gab nicht auf und versuchte es mit den Pflanzen, die sich gehalten hatten und ergänzte sie nach und nach durch weitere verschiedene Arten, die er diesmal etwas sorgfältiger auswählte. So verwandelte sich die Tristesse in einen Dschungel. Später kamen die Tiere dazu.

Wir bezahlten unseren Eintritt und wurden gefragt, ob wir jeder für sich den Park erkunden oder einen Führer an unsere Seite wollten, der einiges über die Pflanzen und Tiere erzählt. Der Park sei ziemlich groß und dschungelmäßig angelegt. Einstimmig entschieden wir uns für einen Führer, dann würden wir sicher alles sehen. Das Trinkgeld können wir uns teilen.

Dann ging es los. Wir kamen uns wirklich wie in einem Dschungel vor. Blumen, Büsche, Bäume und Palmen, alles zusammen bildet stellenweise undurchdringliches Dickicht, in einer Vielfalt, die man sonst in der Ecke Kenias nicht findet. Da wachsen vor allem zarte Pinien, alle Arten von Palmen bis hin zu riesigen chinesischen Palmen, deren Stamm wie Flechtwerk aussieht, Bambus und vieles, vieles mehr. Die tiefsten Stellen des Parks sind mit Grundwasser angefüllt, in denen viele Fische leben, die die Moskitos in Schach halten. Ein Wasserloch samt Dschungel drum herum dient als Brutgebiet für Nilkrokodile, in zwei anderen leben Nilpferde. Dazu leben Elenantilopen, Giraffen, Kaffernbüffel, Schildkröten, ein Stachelschwein, Agamen, Skinks, exotische Libellen und immer wieder grüne Meerkatzen und Vögel aller Art im Haller-Park. Außerdem züchtet auch dieser Park Schlangen und Nilkrokodile. Uns fiel auf, dass es sehr viele Albino-Krokodile gibt. Albinos sind normalerweise Ausnahmen, hier gehören sie zum normalen Bild. Uns wurde erklärt, dass es mit den Albinos bei den Krokodilen genauso ist, wie mit der Bestimmung, ob es Männchen oder Weibchen werden. Allein die Bruttemperatur bestimmt, was aus den Eiern schlüpft. Wenn es zu warm für Männchen oder Weibchen wird, dann werden es Albinos. Das scheint in den Parks dann meistens der Fall zu sein.

Aus dem Experiment des Herrn Haller ist ein wirklich phantastisches Ergebnis heraus gekommen. Man fühlt sich wohl in diesem Park und vollkommen der Welt draußen entrückt. Nur stellenweise dringt der Lärm der Zementfabrik an die Ohren der Besucher.

Eingang zum Haller-Park in Bamburi

Eintrittskarte

Elefantenschildkröte zwischen Riesenmuscheln

früher Tagebau, heute Dschungel

Dschungel und Park

Stachelschwein   Nester der Webervögel

Waran   Flughunde

Um 15 Uhr trafen sich die Besucher zur Fütterung der Giraffen und die Giraffen kamen näher. Ein Pfleger brachte einen Eimer mit trockenem Kraftfutter, dass die Besucher den Giraffen geben konnten. Die Tiere nahmen es sich mit ihren langen blauen Zungen von den hingestreckten Händen. Giraffen sind sehr sanfte Tiere, solange sie sich nicht bedroht fühlen. Es war echt schön, diese großen Tiere einmal so nah zu erleben. Die Meerkatzen durften dabei nicht fehlen. Sie holten sich, was auf dem Boden landete.

Eine Stunde später stand die Fütterung der Nilpferde auf dem Plan. Normalerweise halten sie sich den ganzen Tag im Wasser auf. Bei der Fütterung können sich die Besucher die Kolosse in ihrer ganzen Größe ansehen. Auch sie bekamen dieses Kraftfutter, das Männchen auf der einen Seite, das Weibchen auf der anderen. Als das Männchen seine Portion vertilgt hatte, ließ es sich den Rest des Weibchens schmecken. Das Kalb hat seinen eigenen Pool und ist mit seinen zwei Jahren schon eine stattliche Erscheinung.

Flusspferdpärchen zur Fütterung

neugierige Meerkatzen

Der Rundgang im Haller-Park war echt super. Zwischendurch kamen wir an einer Fischaufzuchtstation vorbei. Hier werden die Fische für die Tische der Restaurants aufgezogen, neben den Eintrittsgeldern eine weitere Einnahmequelle für den Park.
Direkt neben dem Brutgebiet der Krokodile findet sich ein kleines Restaurant zum ausruhen, entspannen und genießen. Vor allem mussten wir erst einmal unseren Durst löschen. Es war ein schweißtreibender Tag.

Um 16.30 Uhr sollten wir uns am Eingang einfinden, von wo uns der Busfahrer abholen sollte. Wir warteten und warteten. Inzwischen waren schon alle anderen Autos mit Besuchern weg, nur wir standen noch da. Unser Busfahrer kam nicht. Hin und wieder stand ich auf und sah nach den Giraffen. Zu denen konnte man auch kommen, ohne durch den Eingang zu müssen. Sie standen recht gelangweilt da. Die eine von ihnen hatte sich weit zurückgezogen, die andere war noch in der Nähe. Ein Adler ließ sich auf einem Baum nieder, Weißstörche flogen über uns hinweg. Die Riesenschildkröte war jetzt auch außerhalb des Parks. Hier kann wohl jeder tun und lassen was er will.

Nach eineinhalb Stunden saßen wir immer noch da, die Sonne ging langsam unter. Somit verpasste ich wieder den Sonnenuntergang am Creek, den ich auch noch fotografieren wollte. Jetzt ging ich mit Klaus noch einmal zu den Giraffen. Noch immer stand die vordere so, wie ich sie das letzte Mal verlassen hatte. Wir sprachen zu ihr und gestikulierten mit den Armen, um sie zu einer Bewegung zu animieren. Langsam drehte sie sich endlich um hundertachtzig Grad, stand dann wieder wie eine Statue. Wir machten etwas mehr auf uns aufmerksam. Die Giraffe überlegte, ob sie dergleichen tun sollte oder nicht. Sie entschied sich dafür und kam ganz langsam auf uns zu, grandios. Jetzt erkannten wir, dass es ein Hengst war, der von unten herauf gesehen, doch eine ganz schöne Höhe hatte. Die Hufe sind gewaltig. Wo der hintritt, wächst kein Gras mehr, wie man so schön sagt. Bei der Fütterung standen wir in Giraffenkopfhöhe, da war das gar nicht so aufgefallen.

Die Giraffe kam immer näher, es gab keinen Zaun zwischen uns. Wo wir standen, war die Einfahrt in die Grube. Nur ein Seil spannte sich in ein paar Metern Höhe. Dort blieb er stehen. Dann fing er an, mit den Hörnern an den Seilen zu spielen und hielt wieder inne. Noch standen wir auf unseren Plätzen. Nun senkte er seinen Kopf und kam unter den Seilen hindurch. Jetzt nahmen wir die Beine in die Hand, um wieder Abstand zu ihm zu gewinnen, denn Giraffen sind nicht ungefährlich, schon gar nicht die Hengste. Er spazierte in seiner vollen Größe an uns vorbei, direkt auf eine große Akazie zu, die auf dem Platz steht, um sich an den grünen Blättchen gütlich zu tun.

gewaltiger Giraffenbulle in allernächster Nähe und freilaufend

Auf den Busfahrer konnten wir nicht mehr böse sein, hat er uns doch zu dieser aufregenden Begegnung verholfen. Es war einfach großartig.
Eine Frau aus unserer Gruppe wollte sich möglichst nah mit der Giraffe fotografieren lassen. Sie kam dem Tier dabei immer näher und wir warnten sie. Schon senkte der Hengst langsam seinen gewaltigen Kopf, um der Frau einen Schlag zu versetzen. Jetzt sah sie zu, dass sie Abstand gewann. Das hätte schief gehen können. Erst jetzt kamen die Angestellten des Parks und sagten, dass wir dem Tier nicht zu nahe kommen sollten.
Dann kam endlich der Busfahrer, aber das hieß noch nicht, dass wir auf geradem Weg nach Kilifi gebracht wurden. Er musste erst noch tanken. Die Verspätung rührte aus irgendwelchen technischen Problemen her. Er hatte wohl einen Sprit im Tank, den man nicht überall bekommen kann. So kutschierte er uns zu zwei Hotels in der Nähe, bekam dort aber keinen Sprit. Erst im dritten Hotel setzte er uns ab, denn er durfte uns nicht zum Tanken mitnehmen, Sicherheitsmaßnahme. Diesmal waren wir schlauer und fragten, wann er wiederkommen würde. Er meinte, in ein paar Minuten wäre er wieder da. Inzwischen sahen wir uns ein wenig im Eingangsbereich dieses Hotels um, denn wir wollten ja wissen, wie die anderen Leute alle so untergebracht sind. Wenn man uns schon zu solchen Möglichkeiten verhilft, sollte man sie auch nutzen. Hier geht es wahrscheinlich relativ gemütlich zu, denn der Pool- und Strandbereich sind nicht sehr groß.
Dann warteten wir vor dem Hotel weiter. Dort befindet sich ein schöner Brunnen mit viel Grün. Leuchtend gelbe Webervögel sind anscheinend in Hochzeitsstimmung. Es machte Spaß, ihnen bei ihren Werbungen zuzusehen.
Nach gut zwanzig Minuten konnte es weitergehen. Als wir in Kilifi eintrafen, war es schon stockdunkel. Auf der Fahrt die dunkle Küstenstraße entlang war es besser, nicht nach vorn aus dem Auto zu sehen. Die Einheimischen fahren wie die Verrückten. Hin und wieder kommt mal jemand ganz ohne Licht. Dann ist schnelle Reaktion gefragt. Trotzdem fühlte ich mich mit den Fahrern des African Safari Clubs sicher. Für diesen Job werden wohl nur die allerbesten ausgewählt.
An ein langes Abendprogramm war heute nicht mehr zu denken, dafür waren wir dank des schon wieder anstrengenden Tages zu müde.

Unser letzter Tag in Kenia. Der Urlaub ging viel zu schnell vorbei. Wir wollten noch einmal tauchen gehen. Der allein reisende Schwabe hatte erzählt, dass die Sichtweiten wieder so wären, wie am ersten Tag, trotz des letzten Regens.
In großer Vorfreude stiegen wir nach dem Frühstück ins Boot, fuhren nach Mnarani und dann weiter zum Tauchplatz. Es wehte kaum Wind, wodurch die Wellen nicht so hoch waren. Das kam das erste Mal vor und war wesentlich angenehmer. Der ständige Wind ist auf die Dauer ganz schön nervig.
Der erste Tauchgang war ein Supertauchgang. Wir hatten ein junges, deutsches Pärchen dabei, die noch nicht so lange tauchen. Domminik führte uns. Die Sichtweite war tatsächlich wie am ersten Tag und wir waren froh. So konnten wir uns auf das

Wesentliche konzentrieren und mussten nicht immer nur sehen, dass man den Anschluss nicht verliert.

In diesem Tauchgebiet gibt es eine kleine Steilwand bis auf fünfundzwanzig Meter Tiefe, an die sich eine Sandfläche anschließt. In einer der untersten Höhlen fand ich große Seeohren, eine Schneckenart, und kleine Riesenmuscheln. Dann kam auch noch ein riesiger Zackenbarsch des Wegs. Leider war der viel zu schnell wieder weg, als dass ich ihn richtig sehen konnte. Dann schwammen wir durch einen großen Schwarm schwarz-blauer Doktorfische.

Auf der Sandfläche trafen wir auf einen großen Geigenrochen und gleich darauf auf einen Flughahn. Ganz entspannt tauchten wir über die Sandfläche, bis wir wieder auf Korallen trafen. Dass wir keine Strömung hatten, machte das Ganze noch viel besser.

In den Korallen hielten sich weitere Muränen und Langusten mit weißen Fühlern auf. Das muss wohl eine andere Art sein, wie die, die wir bisher gesehen hatten.

Mit fast leeren Flaschen tauchten wir auf und waren froh, dass wir so einen schönen Tauchgang zum Abschluss erleben durften.

Als wir auf dem Boot waren, erfreuten uns sogar noch Delfine, die in der Nähe unseres Bootes schwammen. Wer weiß, was wir noch alles zu sehen bekommen hätten, könnten wir eine Weile länger bleiben.

Beim zweiten Tauchgang lief ständig meine Maske an, was zu einem nicht so entspannten Tauchgang für mich führte. Wir sichteten aber auch nichts Besonderes, nur zum Schluss eine große gelbe Nacktschnecke.

An Land zurück, spülten wir unsere kompletten Tauchsachen und nahmen Sie zum Sea Horse mit, um sie dort zum Trocknen aufzuhängen.

Tauchboot

Tauchbasis

Nach dem Mittagessen fingen wir an, unsere anderen Sachen zu packen, denn morgen würde uns keine Zeit dafür bleiben. Um 3.30 Uhr sollten wir schon geweckt werden, um 4 Uhr ist die Abfahrt geplant. Da musste heute schon alles soweit fertig sein. Die Sachen, die wir nicht wieder mit nach Hause nehmen wollten, packten wir beiseite. Vor allem unsere Souvenirs brauchten eine bruchsichere Verpackung.

Den Nachmittag verbrachten wir am Strand, wo wir letzte Geschäfte mit den Strandhändlern tätigten. Die warteten schon ungeduldig auf die versprochenen Sachen. Wir bezahlten unsere Specksteinschalen, Armbänder und die CD mit der aktuellen kenianischen Musik mit Schuhen, T-Shirts, Sonnenhut und Armbanduhr. Nun gaben die Händler uns zu verstehen, dass sie allein von Naturalien nicht leben konnten. Sie brauchten auch ein bisschen Geld, damit sie sich und ihren Familien etwas zu essen kaufen konnten. So bekam jeder noch zwei, drei Euro dazu. Was wir jetzt an Sachen nicht wieder mit nach Hause nahmen, trugen wir an Souvenirs zurück. So viele wollten wir gar nicht haben, aber wir würden sie schon aufteilen.

Landkrabbe

Kokospalme

Klaus versuchte es anschließend noch einmal mit Surfen. Diesmal ging das schon wesentlich besser vonstatten. Dann gönnten wir uns einen Espresso und warteten auf den Sonnenuntergang. Heute musste er noch einmal super werden, es war der letzte Versuch, einen der berühmten Sonnenuntergänge am Creek auf ein Foto zu bannen.
Kurz vor halb sieben war es dann soweit. Wir durften einen Bilderbuch-Sonnenuntergang erleben.

wunderschöner Sonnenuntergang über dem Creek

Vor dem Abendbrot wollten wir unsere Tauchklamotten zusammenpacken. Klaus war kurz vor 18 Uhr an der Tauchbasis. Er hatte vorher Bescheid gesagt, dass unsere Sachen draußen bleiben sollten, damit sie noch weiter abtrocknen können. Inzwischen hatten wir sie abgeholt und wollten sie verstauen. Da fiel Klaus auf, dass die Tauchtasche noch in der Basis ist, eingeschlossen. Das durfte nicht wahr sein! Was sollen wir denn jetzt machen, es ist kein Mensch mehr erreichbar. Klaus ging in die Rezeption, um jemanden anzurufen, aber das war glücklicherweise nicht nötig. Dort hing ein Schlüssel zur Basis und so bekamen wir unsere Tasche, um den Rest einpacken zu können. Jetzt waren wir fertig für die Reise.

Kurz vor dem Abendbrot trafen wir uns alle in der Lounge zur Verabschiedung bei einem letzten Cocktail. Der oberste Boss des Hotels, den wir nie zu Gesicht bekamen, der Manager und der Dolmetscher hofften, dass wir einen schönen Urlaub hatten und irgendwann einmal wiederkommen würden, am liebsten mit weiteren Leuten. Die kleinen Mängel, die so hier und da aufgetreten sind, werden sie versuchen abzustellen. Wir dagegen bedankten uns für den schönen Aufenthalt und das gute Essen. Den meisten Gästen gefiel die familiäre Atmosphäre.

Das Abendbrot schmeckte wieder richtig lecker, dann setzten wir uns noch einmal an den Strand und schnupperten ein letztes Mal kenianische Abendluft.

Pünktlich um 3.30 Uhr klopfte es an der Tür. Ich hatte kaum geschlafen. Schnell machten wir uns fertig, denn vor dem Frühstück mussten wir noch die Hotelrechnung bezahlen. Der Manager selbst saß an der Rezeption und nahm das Geld entgegen. Die Küche fuhr mit Sparpersonal, um uns noch ein letztes Mal mit bestem Frühstück zu versorgen. Mich wunderte es, dass doch jemand so früh auf den Beinen ist.

Während wir nun auf die Abfahrt warteten, trat das alte Problem auf. Alle waren da, nur der Bus nicht. Der war zu der Zeit, als er hier sein sollte, erst in Watamu losgefahren. Das hieß, ein weiteres Mal eine Stunde auf gepackten Koffern sitzen. Eine Stunde länger schlafen, das wäre schön gewesen.

Dann kam der Bus endlich, sehr voll. Wir quetschten uns auf die freien Plätze. Auf der Fahrt nach Mombasa konnten wir das erste Mal einen Sonnenaufgang beobachten. Die vielen Schäfchenwolken am Himmel waren feuerrot, der Himmel selbst rosa. Innerhalb einer viertel Stunde war die Sonne aufgegangen und das Schauspiel vorbei.

Am Flughafen angekommen, nahmen wir unsere Koffer, checkten ein und warteten auf den Abflug. Währenddessen sahen wir uns in den Läden um, meistens Souvenirläden. Ich weiß nicht, ob es Leute gibt, die hier etwas kaufen, die Preise sind unverschämt. Wir kauften für die letzten zwei Dollar, die uns bei Tauschaktionen in die Hände gefallen waren, Schweizer Schokolade und für die letzten kenianischen Schilling Aufkleber für unsere Tauchkisten.

Der Rückflug gestaltete sich angenehmer als der Hinflug. Es gab mehr zu trinken, wir waren ausgeschlafen und da ich einen Fensterplatz hatte und fast überall wolkenloser Himmel war, konnte ich die Landschaft unter mir sehen. Beim Überflug des Sudan erkannte ich zuerst noch akkurat angeordnete Felder, die später immer mehr vom Wüstensand verschlungen werden. Dann gibt es nur noch Wüste. Man kann die ganzen ausgetrockneten Wasserläufe sehen und ein großes Loch, das aussah, als wäre dort vor langer Zeit einmal ein großer See gewesen, der langsam austrocknete. Die immer enger werdenden Uferlinien sind genau zu erkennen. Der Boden der Region ist nur mit wenig

Sand bedeckt. In den Abschnitten mit viel Sand trägt der Wind diesen teilweise bis auf Flughöhe in den Himmel. Jetzt kann ich auch verstehen, wie der Saharasand es bis zu uns nach Deutschland schaffen kann.

In Ägypten hat der Sand den Boden völlig glattgefegt, da gibt es keinerlei Strukturen. Nur der Nil zieht sich als braunes Band mit grünem Rand durch die Wüste.

Dann kamen wir an die Küste des Mittelmeeres mit seinem leuchtenden Blau. Hier hingen wieder Schäfchenwolken in der Luft. Wir überflogen Kreta, sahen Santorin und trafen am östlichsten Zipfel des Peloponnes auf Festland. Attika ließ sich sehr gut erkennen. Weiter ging der Flug über die Ostküste Griechenlands, Albaniens und Kroatiens. Kurz vor Deutschland wurden die Wolken dichter und in Frankfurt hatte es geregnet. Am liebsten wäre ich gleich wieder umgekehrt.

Wegen des Wetters, es herrschten starke Seitenwinde, die die Landung erschwerten, mussten wir eine Warterunde drehen. Dann landeten wir im ungemütlichen Frankfurt.

War es nun ein neuer Traumurlaub? Wir glauben das schon. Kenia hat durch die vollkommen anderen Menschen und die sehr fremde Natur ganz neue Sinne bei uns geweckt. Es war ein aufregender Urlaub.

Kwaheri Kenya
Wir würden gern wieder kommen

Wenn Ihnen unser Reisebericht von Kenia gefallen hat, würde es uns freuen, wenn Sie eine Bewertung (Rezension) in dem Shop hinterlassen würden, in dem Sie das Buch/ebook gekauft haben. Vielen Dank schon einmal im Voraus.
Oder besuchen Sie uns gerne unter www.akweltenbummler.com.